ହାତ ବଢ଼େଇଲେ ଆକାଶ

ହାତ ବଢ଼େଇଲେ ଆକାଶ

ସଂଯୁକ୍ତା ନାୟକ

ବ୍ଲାକ୍ ଇଗଲ୍ ବୁକ୍ସ
ଭୁବନେଶ୍ୱର, ଓଡ଼ିଶା
BLACK EAGLE BOOKS
Dublin, USA

ହାତ ବଢ଼େଇଲେ ଆକାଶ / ସଂଯୁକ୍ତା ନାୟକ

ବ୍ଲାକ୍ ଇଗଲ୍ ବୁକ୍ସ : ଭୁବନେଶ୍ୱର, ଓଡ଼ିଶା • ଡବ୍ଲିନ୍, ଯୁକ୍ତରାଷ୍ଟ୍ର ଆମେରିକା

BLACK EAGLE BOOKS

USA address:
7464 Wisdom Lane
Dublin, OH 43016

India address:
E/312, Trident Galaxy, Kalinga Nagar,
Bhubaneswar-751003, Odisha, India

E-mail: info@blackeaglebooks.org
Website: www.blackeaglebooks.org

First International Edition Published by
BLACK EAGLE BOOKS, 2024

HATA BADHEILE AKASHA
by **Sanjukta Nayak**

Copyright © **Sanjukta Nayak**

All rights reserved. No part of this publication may be reproduced, stored in a retrieval system, or transmitted, in any form or by any means, electronic, mechanical, photocopying, recording or otherwise without the prior permission of the publisher.

Cover & Interior Design: Ezy's Publication

ISBN- 978-1-64560-631-4 (Paperback)

Printed in the United States of America

ପମାଅପାକୁ
ଯିଏ ଦିନରାତି କେବଳ ମୋ'ରି ପାଇଁ
ଠାକୁରଙ୍କୁ ଡାକୁଥାଏ

— ସଂଯୁ

ଏକବିଂଶ ଶତାବ୍ଦୀ ଓଡ଼ିଆ କବିତାର ଭାଷା ଓ ଶୈଳୀ

('ଶାନ୍ତିର ଦାମ୍ ଅଶୀ ହଜାର' କବିତାଟି 'ସମ୍ବାଦ'ର ସାହିତ୍ୟ ପୃଷ୍ଠାରୁ ପଢ଼ି ବିଶିଷ୍ଟ ସାହିତ୍ୟ ସମାଲୋଚକ ଡକ୍ଟର ବାବାଜୀ ଚରଣ ପଟ୍ଟନାୟକ ଏହି ପ୍ରବନ୍ଧଟି ଲେଖିଥିଲେ, ଯାହା 'ନିତିଦିନ'ର ୨୦୨୪ ନଭେମ୍ବର ୧୦ ତାରିଖ ସଂଖ୍ୟାରେ ପ୍ରକାଶିତ ହୋଇଥିଲା।)

ଉପରଲିଖିତ ବିଷୟ ସମ୍ବନ୍ଧରେ ଆଲୋଚନା କରାଯିବା ପାଇଁ ସାହିତ୍ୟ ଅକାଦେମି ଏବଂ ସରକାରୀ ମହାବିଦ୍ୟାଳୟ, କୋରାପୁଟର ସ୍ନାତକୋତ୍ତର ଓଡ଼ିଆ ବିଭାଗଙ୍କ ମିଳିତ ଆନୁକୂଲ୍ୟରେ ଏକ ସେମିନାର୍ ଅନୁଷ୍ଠାନ ନିମିତ୍ତ ୨୯ ଅକ୍ଟୋବର ୨୦୨୪ ଧାର୍ଯ୍ୟ ହୋଇଥାଏ। ଏହି ତାରିଖରେ ଉପସ୍ଥିତ ଉଦ୍ଦିଷ୍ଟ ଏକ ଅଧିବେଶନରେ ସଭାମୁଖ୍ୟ ଦାୟିତ୍ୱ ନିର୍ବାହନ ପାଇଁ ଏ ଲେଖକ ଉଭୟ ଅନୁଷ୍ଠାନ ତରଫରୁ ଯଥାବିଧି ନିମନ୍ତ୍ରଣ ପାଇ ପ୍ରସ୍ତୁତ ହେଉଥାଏ। ଏକବିଂଶ ଶତାବ୍ଦୀ, ଏବେ ମାତ୍ର ପଚିଶ ବର୍ଷ ବୟସରେ ପହଞ୍ଚିଛି। ଯା'ରି ଭିତରେ ଓଡ଼ିଆ କବିତା ଭାଷା ଓ ଶୈଳୀଦୃଷ୍ଟିରୁ କିଭଳି ପୂର୍ବ ଶତାବ୍ଦୀଠାରୁ ପୃଥକତା ବଢୁଛି ଓ ଅବଶିଷ୍ଟ ବର୍ଷମାନଙ୍କ ପାଇଁ କେଉଁ ଦିଶା ପ୍ରଦର୍ଶକ ହେଉଛି- ଏମିତି ଚିନ୍ତା କରୁଥିବା ବେଳେ, ହଠାତ୍ ଏ ଲେଖକ ଚମକି ଯାଇଛି, ୨୭ ଅକ୍ଟୋବର, ୨୦୨୪ 'ସମ୍ବାଦ'ର 'ସାହିତ୍ୟ' ପୃଷ୍ଠାରେ ପ୍ରକାଶିତ ଏକ କବିତା ପଢ଼ି କରି। କବିତାର ନାଁ 'ଶାନ୍ତିର ଦାମ୍ ଅଶୀ ହଜାର'; କବି-ସଂଯୁକ୍ତା ନାୟକ। କବିତାଟିର ବିଷୟବସ୍ତୁ ଯାହା, ତାହା ଯେ ଏକବିଂଶ ଶତାବ୍ଦୀରେ ପ୍ରମୁଖ ସାମାଜିକ ସମସ୍ୟା ଓ ବିବେକୀ

ସମ୍ବେଦନଶୀଳ ମାନବାତ୍ମାପ୍ରତି ଅନ୍ତଃହୀନ ଅଶ୍ଳୀଳ ଦରଦତାର ସଂକେତାତ୍ମକ ଆହ୍ୱାନ, ପୁଣି, ଭାଷା ଓ ଶୈଳୀଦୃଷ୍ଟିରୁ ପୂର୍ବଠୁଁ ନିଆରା ଏବଂ ଆଗାମୀ କାଳ ପାଇଁ ସମ୍ଭାବନାର ପଥପ୍ରଦର୍ଶକ। ସଂକ୍ଷେପରେ, କବିତାରେ ବର୍ଣ୍ଣିତ ପ୍ରସଙ୍ଗ, ଏହିପରି- ଗାଁ ଶେଷମୁଣ୍ଡରେ ରହୁଥିବା ଅଭାବୀ, ମୂଲିଆ ବିଶୁଭାଇର ଚାରି ନମ୍ବର ଝିଅ ଶାନ୍ତି; ଯାହାର ଶୈଶବ ସହର୍ଷ, ଫୂର୍ତ୍ତିବାଜ ଭିତରେ ମିଠା ହସ ବିଞ୍ଚି କଟେ। ଯୌବନରେ ବିବାହ କରି ଅନ୍ୟ ଗାଁକୁ ଯାଏ। କିନ୍ତୁ ସ୍ୱାମୀଙ୍କର ପରସ୍ତ୍ରୀ ପାଇଁ ରାତ୍ରିରେ ଗମନ ତା' ଧାତୁରେ ଯାଏନା। ପରିଣତିରେ ତାକୁ ମୃତ୍ୟୁବରଣ କରିବାକୁ ହୁଏ। ପୁଲିସ ଯାଏ କଥା ନ ନେଇ ବିଶୁଭାଇକୁ ପୁଅପକ୍ଷ ସତୁରି ହଜାର ଓ ଗାଁ ଯୁବକ ସଂଘକୁ ଦଶହଜାର ଦେଇ, ଶାନ୍ତିର ଶବ ସତ୍କାର କରାଯାଏ। ଗରିବ ମଜୁରିଆ ଘରେ ଚାରି ନମ୍ବର ଝିଅ ହୋଇ ଜନ୍ମିଥିବା ଶାନ୍ତିର ଜୀବନ ସତ୍ୟ ପାଇଁ ପ୍ରତିବାଦ କରି କି ନିଷ୍ଠୁର ପରିଣତି ଭୋଗେ, ତହିଁର ସତ୍ୟ ସାକ୍ଷୀ ଏବେ ବି ଓଡ଼ିଶାର ଗାଁ ମୁଲକ। କବିଙ୍କ ଭାଷାରେ, 'ଶାନ୍ତିକୁ କେହି ଦିନେ ପଚାରି ନଥିଲା କ'ଣ ତା'ର ଦୁଃଖ/ ଏବେ ବି ତା' ଗାଲ ବେକରେ ଆଙ୍ଗୁଠି ଚିହ୍ନ ସ୍ପଷ୍ଟ/ କେହି ସେ ଆଡ଼େ ଅନେଇଲେ ନାହିଁ।' କବିତାର ଭାଷା ସରଳ, ସହଜ ସଂକେତରେ ବିସ୍ତୃତ ଆଲେଖ୍ୟ ସୂଚିତ, 'ଦଇନି', 'ନିଉଛାଳି' ଭଳି ପ୍ରାଚୀନ ଓଡ଼ିଆ ଶବ୍ଦ ସହିତ ଫେଣ୍ଟି ହୋଇଯାଇଛି ଗାଉଁଲି ବ୍ୟବହାରରେ ଚଳୁଥିବା ବିଶେଷ ବିଶେଷଣ ବିଶେଷିତ ପଦାବଳୀ; ଯେପରି, 'କହରା ଚୁଟି', 'ରଙ୍ଗଛଡ଼ା ଫ୍ରକ', 'ନହକା ଲତା', 'କଥାକୁହା ଆଖି', 'ନୁଖୁରା ମୁହଁ', 'ଭୁବନଜିଣା ହସ', 'ହଳଦୀମଖା ମୁହଁ', 'ଅଚିନ୍ତା ନିଦ' ଇତ୍ୟାଦି। ପୁଣି, ଗାଉଁଲି ଜୀବନରେ ଶୁଣାଯାଉଥିବା ଢଗ ଛନ୍ଦର ବାକ୍ୟ; 'କାଳିକୋତରୀ ମୁଣ୍ଡ ଝାମ୍ପୁରୀ', 'ପିତଳ ହାଣ୍ଡି', 'ଧୋଇ ମାଜିଦେଲେ ଚକ୍ ଚକ୍' ବି ପଢ଼ିହୋଇଛି ଏ କବିତାରୁ। ଏ ଲେଖକ ଜାଣେ, ଏକବିଂଶ ଶତାବ୍ଦୀ କେବଳ ମହାବାତ୍ୟା ପରିବେଶ ଭିତରୁ ଗତିଶୀଳ ହୋଇ ନାହିଁ କି ଜଗତୀକରଣ ବ୍ୟବସ୍ଥାରେ ମାନବିକତାର ବିପର୍ଯ୍ୟୟକୁ ସାଥୀରେ ଧରି ଆସି ନାହିଁ। ଆସିଛି ଅନେକ ନିର୍ଭୟା, ଅନାମିକା ଓ ସୀମନ୍ତିନୀଙ୍କ ଅସହାୟତା, ଉତ୍ପୀଡ଼ନା, ଦୁର୍ବିପାକ, ଦୁର୍ଭୋଗ ଅବସ୍ଥାର ଜୀବନଚିତ୍ରର ବଳାତ୍କାରିତା ଓ ପ୍ରତିବାଦଜନିତ ସତ୍ୟକୁ ସାମ୍ନା କରିବାର କରୁଣ ଉପସଂହାରକୁ

ଧରି। ବସ୍ତୁତଃ, ଏକବିଂଶ ଶତାବ୍ଦୀରେ ସୃଷ୍ଟି ଓଡ଼ିଆ କବିତା ଅନେକ ସ୍ୱର ଏବଂ ତଦନୁପାତିକ ଶୈଳୀ ଓ ଭାଷା ଦେଇ ଆତ୍ମପ୍ରକାଶ କରିଥିବା କଥା ଜଣାଥିଲେ ହେଁ, ଏ ଲେଖକ 'ଶାନ୍ତିର ଦାମ୍ ଅଶୀ ହଜାର' କବିତାର ସ୍ୱର ଓ ସ୍ୱରୂପ ଦ୍ୱାରା ଏତେ ମାତ୍ରାରେ ପ୍ରଭାବିତ ହୋଇଛି ଯେ, ସେ ସେହି ସେମିନାରରେ ଆପାତତଃ ଏହାର ନିର୍ଯାସ ଉକୁଟା ଓଡ଼ିଆ କବିତାଗୁଡ଼ିକ ଉପରେ ବିଶେଷ ଦୃଷ୍ଟିପାତ କରିଛି। ବିଂଶ ଶତାବ୍ଦୀର ଓଡ଼ିଆ କବିତାରେ 'ଅଳକା ସାନ୍ୟାଲ' ଓ 'ପ୍ରତିମା ନାୟକ'ଙ୍କ ଭଳି ଏକବିଂଶ ଶତାବ୍ଦୀରେ 'ଶାନ୍ତି ଓ ମଧୁସୂଦନ ଦାଶଙ୍କ 'ଶ୍ୟାମଳୀ ଗୁରୁ' ନାରୀ ପ୍ରତିଭୂର ମାନକ ଭାବେ ବିବେଚିତ ହେବା ସ୍ୱାଭାବିକ। ଶ୍ୟାମଳୀ ଗୁରୁ ଅବଶ୍ୟ ଅଳକା ଓ ପ୍ରତିମାଙ୍କ ଭଳି ଅବିବାହିତା। ଲାଜକୁଳୀ ଶ୍ୟାମଳୀ ଦିନେ ଅନେକଙ୍କ ସହ ମିଶିଛି, ହାଇହିଲ୍ ପିନ୍ଧିଛି, କାନ୍ଧରେ ଭ୍ୟାନିଟି ପକାଇଛି। ଏମିତିରେ ବୟସ ଗଡ଼ିଯାଇଛି, ରହିଯାଇଛି ଅବିବାହିତା। ସମୟକ୍ରମେ, 'ସେ ଦିଶେ ଭାରି ବୟସ୍କା ବୟସ୍କା/ ଯେଉଁଠି ଥାପୁଛି ପାଦ/ ସେଠି ମାଟି ମାଗେ/ ସହିବାର କଳା/ ଗଛ ମାଗେ ଛାଇ/ ପାଣି ଖୋଜେ/ ଶୋଷ, ଫୁଲ ଅଣ୍ଡାଳେ/ ବାସ୍ନା/ ଓଠ ଦରାଣ୍ଡେ ହସ/ ଶ୍ୟାମଳୀ ତଥାପି/ ସଳଖୁଛି ତା'/ ନହନହକା ଅଣ୍ଟା/ ହେବାକୁ ଫର୍ଦ୍ଦେ/ ଅଲେଖା/ ଇତିହାସ।' (ଝଙ୍କାର-ଜୁଲାଇ-୨୦୦୪)

ଖପରାଡ଼ିଆଁ ଖେଳୁଥିବା ଝିଅଟି ପ୍ରତି କବି ପ୍ରୀତିଧାରା ସାମଲଙ୍କ ଉକ୍ତି, ଭାଷା ଦୃଷ୍ଟିରୁ କେତେ ଯେ ଗାଉଁଲି ଗାଉଁଲି, ତାହା କାହା କାହାକୁ ହୁଏତ ଦୋଦୋପାଞ୍ଚରେ ପକାଇ ପାରେ। ଶୁଣାଯାଉ- 'ଦିନେ ଭାଗ୍ୟ ତତେ ଖପରା କରି/ ଖେଳେଇବ ଲୋ ଝିଅ/ ପ୍ରସ୍ତୁତ ହେଇ ରହ।' ଝିଅଟି ପ୍ରତି କବିଙ୍କ ସାବଧାନ ବାଣୀ ଏକବିଂଶ ଶତାବ୍ଦୀରେ ଶ୍ରୁତ, ବହୁମୁଖ ଉଚ୍ଚାରିତ ସ୍ୱର ଯେପରି, 'ହେଲେ ମନେରଖ ଝିଅ/ ଯେଉଁମାନେ ଖେଳେଇବା ନାଁରେ/ ତୋ ଦେହରୁ ରକ୍ତ କାଢ଼ିନେବେ/ ତୋ କେଶ କାଟି ଦେବେ/ ପାଣି ଟୋପେ ନ ଦେଇ/ ରାତିରାତି ଅନିଦ୍ରା ରଖିବେ/ ସେମାନେ କେହି ନ ଥିବେ ତୋ ପାଖରେ/ ଯେତେବେଳେ ବିନା କାରଣରେ/ କେହି ଜଣେ ତତେ ଖପରା କରି ଫିଙ୍ଗି ଦେବ/ ଦୂରକୁ ବହୁଦୂରକୁ।' (ଖପରା ଡିଆଁ- ସମ୍ବାଦ-୨୦୨୪) ନାରୀମାନଙ୍କ ପ୍ରତି କେତେ ନା କେତେ ସାମାଜିକ ନୀତି-ସୂକ୍ତି ! ଏସବୁ ବିରୋଧରେ ପ୍ରତିକ୍ରିୟା

ସ୍ୱର ଶୁଣି ହୁଏ ଓଡ଼ିଆ କବିତାରୁ । ଗାୟତ୍ରୀବାଳା ପଣ୍ଡାଙ୍କ 'ଭୂମିକା' କବିତାରୁ ଶୁଣାଯାଉ - 'ଥରୁଟିଏ ନାରୀ ହୋଇ ଜନ୍ମନେଲେ ଏ ମାଟିରେ/ କେବଳ ସନ୍ତୁଷ୍ଟ କରିବାକୁ ପଡ଼େ/ ପିତୃପୁରୁଷଙ୍କୁ, ସମାଜ, ସମୟ ଏବଂ/ ଶ୍ୱାନଶୃଗାଳଙ୍କୁ । ନ ହେଲେ ତ ଅଭିଶାପ ଦିଅନ୍ତି ଈଶ୍ୱର ।' (ଝଙ୍କାର- ଡିସେମ୍ବର-୨୦୦୮) ଏକବିଂଶ ଶତାବ୍ଦୀର ଓଡ଼ିଆ କବିତାର ଭାଷା ଓ ଶୈଳୀ ଭିନ୍ନ ଭିନ୍ନ ସମସ୍ୟା, ଭାବ ଓ ଆବେଗ ଦେଇ ନୂତନତାର ସ୍ୱରୂପ ଦର୍ଶାଇଛି । ଏଇ ଯେମିତି ରୁଗ୍ଣ ମାନସିକତାଗ୍ରସ୍ତ ସମାଜରୁ ପ୍ରେମ ଅସ୍ତ । ମାନବିକତା ମୋହଗ୍ରସ୍ତ । ଅପ୍ରେମ ଭାବ ଦୀକ୍ଷିତ ବ୍ୟକ୍ତି ମରଣକୁ ପଛକରି ଆଲୁଅରେ ଧରାଇ ଦେଉନାହିଁ କି 'ନବବଧୂର ପୋଡ଼ା ଦେହର ଗନ୍ଧ ।' (ଚକ୍ରବ୍ୟୂହ-ସୁଶାନ୍ତ କୁମାର ନାୟକ-ସମ୍ବାଦ-୨୦୨୪)

ସେମିନାରରେ ପ୍ରବନ୍ଧ ପଢ଼ିଥିବା ବନ୍ଧୁମାନେ ଏକବିଂଶ ଶତାବ୍ଦୀ ଓଡ଼ିଆ କବିତା, ସ୍ୱର, ଶୈଳୀ, ଭାଷା, ଅଭିବ୍ୟକ୍ତି ଦୃଷ୍ଟିରୁ କିଭଳି ନୂଆନୂଆ ଲାଗିଛି ତାହା ଦର୍ଶାଇଲେ । ମହାବିଦ୍ୟାଳୟର ଅଧ୍ୟକ୍ଷ, ମାନବିକତାର ବିବର୍ତ୍ତନ । କବିତାର ସ୍ୱର ପରିବର୍ତ୍ତନର ହେତୁ ବୋଲି କହିଲେ । ଉପସଂହାରରେ, ଏ ଲେଖକ, ସେଦିନ ଦର୍ଶାଇଥିଲା; ଏକବିଂଶ ଶତାବ୍ଦୀ ଓଡ଼ିଆ କବିତାର ଭାଷା- ଲୋକମୁଖର ଭାଷା, ଏବକା ସମାଜରେ ବ୍ୟବହୃତ ତଟକା ଶବ୍ଦର ପରିପାଟୀରେ ସମୃଦ୍ଧ; ଆଉ ଶୈଳୀ, ବିଷୟଘଟିତ, ଅର୍ଥାତ୍ କବିତାରେ ଯେଭଳି ବିଷୟ ଆଧାରିତ ତହିଁର ଶୈଳୀ ତଦନୁରୂପ ହୋଇଛି । ତଥାପି, ଟେକ୍ନୋଲୋଜିର ବିସ୍ଫୋରଣ, ଇଣ୍ଟରନେଟ୍ ଜରିଆରେ ଜ୍ଞାନ ଭଣ୍ଡାର ଉନ୍ମୋଚନ- ଏକବିଂଶ ଶତାବ୍ଦୀରେ ମାମୁଲି କଥା ହୋଇଥିବାରୁ ଓଡ଼ିଆ କବିତାର ଭାଷା ଓ ଅଭିବ୍ୟକ୍ତି ନୂଆ ପ୍ରତିଦ୍ୱନ୍ଦ୍ୱିତାର ସମ୍ମୁଖୀନ ହେଉଛି, ଯାହା ଏ କାଳରେ ପ୍ରକାଶିତ ଓଡ଼ିଆ କବିତାରେ ଦେଖିବାକୁ ମିଳିଲାଣି ।

ସର୍ବୋପରି, ଏଭଳି ବିଷୟ ଚର୍ଚ୍ଚା ପାଇଁ ଏ ଲେଖକ ପକ୍ଷେ 'ଶାନ୍ତିର ଦାମ୍ ଅଶୀ ହଜାର' କବିତା ପ୍ରେରଣାପ୍ରଦ ହୋଇଛି ।

ବାବାଜୀ ଚରଣ ପଟ୍ଟନାୟକ

ମୋ: ୯୪୩୭୩୧୯୯୧୪

ଅଭିମତ

ଜନ୍ମ-ପ୍ରଜନ୍ମ ମଧ୍ୟଦେଇ ମାନବର ସାଂସାରିକ ପ୍ରେକ୍ଷାପଟ୍ଟକୁ ଆଗମନ ଓ ପ୍ରସ୍ଥାନର ଚାରଣଭୂମି ଏଇ ପୃଥିବୀ, ଯେଉଁଠି ସେ ପାଇଥାଏ ମୁଠା-ମୁଠା ଫର୍ଚ୍ଚା ଆଲୁଅ, କୁଳୁକୁଳୁ ବହମାନ କାଚକେନ୍ଦୁ ଜଳ, ମିଠା ଫଗୁଣର ସ୍ପର୍ଶ, ଟୁନା ଟୁନା ସ୍ୱପ୍ନଭିଜା ବିନିଦ୍ର ପ୍ରହର ଓ ମାଟିର ଭୁରୁଭୁରୁ ଗନ୍ଧ। ମନ ଓ ଆତ୍ମାକୁ ପୁଣି ବିହ୍ୱଳ କରୁଥାଏ ଆତ୍ମୀୟମାନଙ୍କ ଅନ୍ତରଙ୍ଗ ଆଲିଙ୍ଗନ। ସେ ଜାଣେ ଏଇଠି ସେ ପାଇପାରିବ ସେମାନଙ୍କ ମୋହାଚ୍ଛନ୍ନ ସାନ୍ନିଧ୍ୟ, ଶୁଣିପାରିବ ଅଶ୍ରୁତର ସ୍ୱର, ସଂଯୋଗ କରିପାରିବ ନିଜର ଅଚ୍ୟୁତ ଭୂମି, ସଂଲଗ୍ନ ଇଚ୍ଛାକୁ ଭୂମାର ଉତ୍ତରିତ ବଳୟ ସହିତ ଯେଉଁଠି ପ୍ରାପ୍ତି-ଅପ୍ରାପ୍ତି, ସଫଳତା-ବିଫଳତା, ଆସକ୍ତି-ଅନାସକ୍ତିର ଉର୍ଦ୍ଧ୍ୱରେ ସେ ଲଭିପାରିବ ଅସୀମ ପ୍ରଶାନ୍ତି, ଏଇ ମାଟିହିଁ ତା' ସ୍ୱପ୍ନର ଉନ୍ମେଷକୁ ଆକାର ଦେବ। ସେ ସମସ୍ତ ପାର୍ଥିବ ଆହ୍ୱାନ ଭିତରେ ଶତଶତ ଯନ୍ତ୍ରଣାରେ ଜର୍ଜରିତ ହୋଇ ମଧ୍ୟ ହସିବ, କାନ୍ଦିବ, ଲୋଡ଼ିବ, ଝୁରିବ, ପୁଣି ଏସବୁରୁ ମୁକ୍ତି ଖୋଜୁଥିବ। ସମ୍ଭବତଃ ସେଥିପାଇଁ ରବୀନ୍ଦ୍ରନାଥ ଲେଖିଥିବେ- 'ମରିତେ ଚାଇନା ଆମି ସୁନ୍ଦର ଭୁବନେ, ମାନବେର୍ ମାଝେ ଆମି ବାଞ୍ଚିବାର୍ ଚାଇ।' ଜାଗତିକ ଯନ୍ତ୍ରଣା କବିର କବିତାକୁ ଖୋରାକ ଯୋଗାଏ। ସବୁଠୁ ମିଠା କବିତା ଭିତରେ ଅସହାୟ କବି ସତ୍ତାର ଅବେଗିକ ରକ୍ତକ୍ଷରଣର ନିଃଶବ୍ଦ ବେଦନା ଲୁକ୍କାୟିତ ଥାଏ। ନଚେତ୍ ହିଁ ମଧ୍ୟ ସବୁବେଳେ କବିର କବିତା ଭିତରେ ପୁନର୍ଜୀବିତ ହୁଏ ତା'ର ସ୍ମୃତି, ତା'ର ଆନ୍ତରିକ ଅନିଷା, ବିକଳ ଆତ୍ମପୀଡ଼ା, ତା' ଭିତରର ଶିଶୁସୁଲଭ ନିରୀହତା, ତା' ପ୍ରେମ ଓ ପ୍ରତାରିତ ହେବାର ଦୁଃସହ ଦୁଃଖ। ତା'

ତୃଷ୍ଣା, ଦୟା, କରୁଣା, ସହାନୁଭୂତି ! କବିତାରେ ସେସବୁ ସ୍ୱତଃ କ୍ଷରିତ ହୁଅନ୍ତି ଯାହା ସେ ପୂର୍ବରୁ ଭୋଗିଥାଏ, ଭୋଗୁଥାଏ, ଅବଶିଷ୍ଟ ଭୋଗିବାକୁ ଥାଏ । କାରଣ ସେ କବି-ଭାବୁକ-ଆତ୍ମମଗ୍ନ ନିରାଜକ ।

କବିର ହୃଦୟର ବ୍ୟାପ୍ତି ଯେତିକି ତା'ର କବିତାରେ ଭାବାବେଗକୁ ବାନ୍ଧି ରଖିବାର ସାମର୍ଥ୍ୟ ସେତିକି, କବିତା ଏତେ ଉଚ୍ଛୁଳା ଆଉ ଉତ୍ତଳା ଯେ ଶବ୍ଦକୁ ସଜେଇ ଲେଖିବାଲାଗି ପ୍ରଯତ୍ନର ଆବଶ୍ୟକତା ନଥାଏ । କେବେ କେବେ କିନ୍ତୁ ଅଭିମାନ କରି କହେ- "ଅନେକ ରହିଁ ନ ଥିବା ଚିଜ ମିଳିଥାଏ / ଏଠି କିନ୍ତୁ ମିଳେନା କେବେ ନିରୋଳା ଅପରାହ୍ନଟିଏ / ଆଉ ଅକୃପଣ ବଉଦ ଏକା ସଙ୍ଗେ ।" (ଆଉଦିନେ ବର୍ଷାରେ ଭିଜିବି) ସେ ଅବାଧ ଓ ଅନାହତ ବର୍ଷାବିନ୍ଦୁ ଭଳି ଝରିପଡ଼େ । ଜୀବନର ସ୍ଥିତି, ବୟସର ମାନଦଣ୍ଡ ସମାଜର ବିବେଚନା ଊର୍ଦ୍ଧ୍ୱରେ କବିଟେ ସର୍ବଦା ଆକାଶକୁ ହାତ ବଢ଼ଉଥାଏ - କେବେ ବର୍ଷା ପାଇଁ, କେବେ ଆଲୋକ ପାଇଁ, କେବେ ଉଲ୍ଲାସ ଓ ଶିହରଣ ପାଇଁ । ପୃଥିବୀ ପ୍ରତି ବର୍ଷାବିନ୍ଦୁ ଉଦାର ଆକାଶର ଉପହାର । ବର୍ଷାର ବିନ୍ଦୁ ବିନ୍ଦୁ ଜଳ ଭିତରେ କବି ଚେତନାର କାଉଁରୀ କାଠି ଜାଗ୍ରତ ହୁଏ, ତା' ହୃଦୟକୁ ଆର୍ଦ୍ର କରେ । ଏହା କବିର ମନ, ହୃଦୟ, ପ୍ରାଣକୁ ଶାନ୍ତ, ସ୍ନିଗ୍ଧ ଓ ଭାବମୁଗ୍ଧ କରେ କବି । ତେଣୁ ଭାବବିହ୍ୱଳ କବି କେବେ କହିଉଠେ- 'ଆଜି ବର୍ଷାରେ ଭିଜିବି' ମାତ୍ର ବର୍ଷାରେ ଭିଜିବା ପାଇଁ ତାକୁ ପ୍ରକୃଷ୍ଟ ସମୟ ପର୍ଯ୍ୟନ୍ତ ପ୍ରତୀକ୍ଷା କରିବାକୁ ହୁଏ । କାରଣ କବିତାର ଶବ୍ଦ ଭଳି 'ବର୍ଷା ଭସାବାଦଲ ଭିତରେ ଗୋପନରେ ଥାଏ । ଶବ୍ଦ ଭଳି ସେ ମଧ୍ୟ ତା' ସମୟରେ ଆସେ ଓ କବିକୁ ନିଜ ସହିତ ଜଡ଼େଇ ସିକ୍ତ କରି ଚାଲିଯାଏ । ପୁଣି କେବେ ସେ ହାତ ବଢ଼ାଏ ଆକାଶକୁ ସଂପୂର୍ଣ୍ଣ ପାଇଯିବା ପାଇଁ !

କବିମାନେ ଯେହେତୁ ଅତ୍ୟଧିକ ଭାବପ୍ରବଣ, ସେହେତୁ ଅଭିମାନୀ ଅଭିମାନରେ ଲୁଚିଥାଏ ସନ୍ତୁଳି ହେଉଥିବା ଜନ୍ମ-ପ୍ରଜନ୍ମ, କାରଣ-ଅକାରଣ, ଦୁଃଖ-ଅଶ୍ରୁ, ବ୍ୟଥା-ଆନନ୍ଦ, ରାଗ-ଅନୁରାଗ, ବିରହ-ବିଚ୍ଛେଦର ଅସୁମାରୀ ଭାବରୂପ । ତା'ର ଶବ୍ଦକୁ ଭେଦ କରିବା ଖୁବ୍ କଷ୍ଟ । ଶବ୍ଦ ସରଳ ହେଲେ ସୁଦ୍ଧା ରହସ୍ୟମୟ-ଅବୋଧ ହୋଇଯାଏ ତା'ର କବିତା । କାରଣ ସରଳ ଶବ୍ଦ ମଧ୍ୟଦେଇ

ଏକାକୀ କବିଟେ ନିଜ ନିରୀହ ଆତ୍ମାଭିବ୍ୟକ୍ତିର ସର୍ପିଳ ପାହାଚ ଗଢ଼ିଥାଏ। ଆବେଗର ହର୍ମ୍ୟ ଭିତରେ ସେ ଗଢ଼ିଥାଏ ଶବ୍ଦର ପାହାଚ। ସେହି ରୁଦ୍ଧ ହର୍ମ୍ୟରେ ଶବ୍ଦ ସୋପାନରେ ଆରୋହଣ କରୁଥାଏ ଏବଂ ଅବତରଣ କରୁଥାଏ। କବିତା ପୂର୍ବରୁ ଯଦି 'କବି' ସହିତ ସାକ୍ଷାତ ଉପଲବ୍ଧ ହୋଇଯାଏ ତେବେ ପାଠକକୁ ତା' କବିତାର ଇନ୍ଦ୍ରଜାଲରେ ଛନ୍ଦିହେବାକୁ ପଡ଼େନି, ବରଂ କବିତାର ଶବ୍ଦ ଦର୍ପଣ ଭଳି ଆହୁରି ସ୍ପଷ୍ଟ ହୋଇଉଠେ। କବି ପ୍ରକୃତରେ ଜଗତକୁ ତା'ର ଶବ୍ଦଦର୍ପଣରେ ବାନ୍ଧିରଖେ। ସେ ଈଶ୍ୱରଙ୍କୁ ଦେଖିପାରେ ତା' ଆଖି ଆଗରେ - ବାରିପାରେ ତାଙ୍କ ପାଦଶବ୍ଦ - "ତମେ ବୋଧେ ଥିଲ ଗେଟ୍ ଆରପାଖରେ / ଆମ ପାଚେରିଠୁ ବେଶ୍ କିଛି ଦୂରରେ / କେଉଁଠି ତ ଦିଶୁନଥିଲ, କି ଶୁଭୁନଥିଲା ତୁମର ପାଦଶବ୍ଦ।" (ତମେ କ'ଣ ଅସହାୟ ଈଶ୍ୱର)

ଜଣେ କବି ଭାବେ ସଂଯୁକ୍ତା ନାୟକଙ୍କୁ ଏଇମାତ୍ର ଜାଣୁ ଜାଣୁ ଜାଣିଲି ଯେ, ସେ ଓଡ଼ିଆ କବିତାଧାରାରେ ଆଜିର କବି ନୁହେଁ, ଧୂମିଳ ଅତୀତରେ ନିଜ ପାଦଚିହ୍ନ ଆପିଥିବା ଏବଂ ବର୍ତ୍ତମାନ ସମୟରେ ସୁସ୍ପଷ୍ଟ ଦିଶୁଥିବା ଜଣେ ବିଶ୍ୱସ୍ତ-ନିରଭିମାନୀ-ବାସ୍ତବବାଦୀ କବି ସେ। ସେ ଲେଖିବା ପାଇଁ ଲେଖିନାହାନ୍ତି, ତାଙ୍କ ଜୀବନର ଚତୁଃପାର୍ଶ୍ୱରେ ଅଲୋଡ଼ା, ଅବାଞ୍ଛିତ ଭାବରେ କେଉଁକାଳୁ ପଡ଼ିରହିଥିବା ସେଇ ନିଛାଟିଆ ଶବ୍ଦମାନେ ତାଙ୍କର କୋଳାଗ୍ରତ ହେବାକୁ ଆଗେଇ ଆସିଛନ୍ତି, ତାଙ୍କ ବେପରୱାପଣକୁ ବ୍ୟସ୍ତ ବିବ୍ରତ କରି ନିଜେ ନିଜେ ଲେଖି ହେଇଯାଇଛନ୍ତି। ସେ ନିଜେ ଜାଣିନାହାନ୍ତି ଶବ୍ଦରେ ଶବ୍ଦରେ ହୃଦୟର ବିଗଳନ କରି ଅନ୍ୟର ହୃଦୟକୁ ଆର୍ଦ୍ର କରନ୍ତି, ସେ ଜାଣିନାହାନ୍ତି ଅପରାହ୍ଣର ଖରାଛାଇରେ ସ୍ମୃତିସବୁକୁ ଆବେଗରେ ରଙ୍ଗଦେଇ ସୁନ୍ଦର ଚିତ୍ରପଟ ଆଙ୍କିଛନ୍ତି, ସେ ଜାଣିନାହାନ୍ତି ଯେ କାହାକୁ କିଛି ନକହି ନୀରବରେ ସ୍ମୃତିକୁ ଗାରେଇ ଦେଉଦେଉ ଅନ୍ୟର ହୃଦୟକୁ ସ୍ପର୍ଶକାତର କରିଦିଅନ୍ତି, ନିଜର ପରିଚିତ-ଆତ୍ମୀୟଙ୍କୁ ଖୁସି ବାଣ୍ଟୁ ବାଣ୍ଟୁ ସେ ଜାଣନ୍ତି ନାହିଁ ଯେ ସମୟ ହେବା ଆଗରୁ ହିଁ ସ୍ୱପ୍ନମାନଙ୍କୁ ଜୀବନର ନିଛାଟିଆ ଅପନ୍ତରାରେ ବାଟେଇ ଦେଇ ଆସି ନିଜଠୁ ନିଜେ ଛିଟିକି ପଡ଼ିଛନ୍ତି, ସବୁ ଇଚ୍ଛା, ଆଶା, ଆକାଂକ୍ଷା ଓ ଆପଣାପଣ ଭିତରେ ସେ ଜାଣନ୍ତି ନାହିଁ କେବେ କେଉଁଠି ସେ

ନିଜକୁ ଆହୂତି ଦେଇଦେଇଛନ୍ତି - ଜଣେ ନିରୋଳା କବି ଯିଏ ଆବେଗରେ ଜୁଡୁବୁଡୁ କବିସତ୍ତାକୁ ଧାରଣ କରି ଶବ୍ଦରେ ନିଜ ଆତ୍ମମୁକ୍ତିର ମାର୍ଗ ଖୋଜିଛନ୍ତି। ସେ କବି ସଂଯୁକ୍ତା ନାୟକ। ତାଙ୍କର କାବ୍ୟିକଶୈଳୀ ସ୍ୱତନ୍ତ୍ର। ତାଙ୍କର ପ୍ରତି କବିତାରେ ଗୋଟିଏ ଗୋଟିଏ ଗପ ଲୁକ୍କାୟିତ ଗଦ୍ୟମୟ ଶବ୍ଦ ଗୁମ୍ଫନ ଭିତରେ ଛନ୍ଦଲଗ୍ନ-ଲାଳିତ୍ୟପୂର୍ଣ୍ଣ ସଂଯୋଜନା ତାଙ୍କ କବିତାକୁ କରିଛି ଅନନ୍ୟ। ତାଙ୍କ କବିତାରେ ମୁଁ ତାଙ୍କୁ ଜଣେ ନିରୋଳା କବିଭାବେ ପାଇଛି। ଏହା ସହ ତାଙ୍କ ସମ୍ବେଦନଶୀଳ ଦୃଷ୍ଟିରେ ତଥାକଥିତ ସାମାଜିକ ବ୍ୟବସ୍ଥାକୁ ନେଇ ତୀବ୍ର ପ୍ରତିବାଦ ସହିତ କିଛି ନ କରିପାରିବାର ଅସହାୟତାକୁ ମୁଁ ଅନୁଭବ କରିଛି। 'ହାତ ବଢ଼େଇଲେ ଆକାଶ' କବିତା ପୁସ୍ତକ କବି ସଂଯୁକ୍ତାଙ୍କ ପୁସ୍ତକ ଭାବରେ ପ୍ରଥମ, କିନ୍ତୁ କବିତାଗୁଡ଼ିକ ଅନେକ ପିଛିଲାଦିନର ସ୍ମୃତିକୁ ଧାରଣ କରିଛନ୍ତି। ଏଥିରେ ସନ୍ନିବେଶିତ ୨୫ଟି କବିତାରେ ସେ ଯେଉଁ ବିମ୍ବ ତୋଳିଛନ୍ତି ସେଥିରୁ ତାଙ୍କର ଆବେଗର ସଂପ୍ରେଷଣୀୟତା ପାଠକକୁ ଅନୁଭବ ହେବ। ଅଧାଲେଖା ଆଳିମାଳିକା କାଗଜ, ପକ୍ଷାଘାତଗ୍ରସ୍ତ ଆତ୍ମା, ନୁଖୁରା ମୁହଁ, ଦୁର୍ବଳ ସୂତାର ସଂପର୍କ, କାକରମଖା ଘାସ, କାଉଁରୀକାଠିର ସ୍ପର୍ଶ, ନିରୁଦ୍ଦିଷ୍ଟ ଇଚ୍ଛା, ସପ୍ତରଙ୍ଗୀ ଚୁଡ଼ି, କଅଁଳ ସୂର୍ଯ୍ୟ, ତାରାମାନେ ହାଇ ମାରନ୍ତି, ଚଇତାଳି ଝାଞ୍ଜି, ନିଦ୍ରାହୀନ ବନ୍ଧ୍ୟା ମଗଜିଆ ଜହ୍ନ ଇତ୍ୟାଦି ଶବ୍ଦ ଖୁବ୍ ପ୍ରଭାବଶାଳୀ।

ସେ ଓଡ଼ିଆ ସାହିତ୍ୟରେ ନୂଆ ଲେଖିକା ନୁହନ୍ତି। ଅଶୀ ପରବର୍ତ୍ତୀ କବିତା, ଗଳ୍ପ ଓ ଅନୁବାଦ କ୍ଷେତ୍ରରେ ଜଣେ ସୁପରିଚିତ ସମର୍ଥ ଲେଖିକା। ମାତ୍ର ଜୀବନ ଜଞ୍ଜାଳର ଦାବି ଭିତରେ ତାଙ୍କ ଲେଖକୀୟ ସତ୍ତା ସେତିକି ସକ୍ରିୟ ହୋଇପାରିନାହିଁ। ମାତ୍ର ଏଥିନେଇ ତାଙ୍କର କ୍ଷୋଭ ନାହିଁ। କାରଣ ଗୃହଜଂଜାଳ, ପରିବାରର ଦାୟିତ୍ୱ, ସମ୍ପର୍କୀୟମାନଙ୍କ ପାଇଁ ତାଙ୍କ କର୍ତ୍ତବ୍ୟର ଦାୟବଦ୍ଧତା ତାଙ୍କୁ ଆନନ୍ଦ ଦେଇଛି। ଏ ସଂପର୍କରେ ତାଙ୍କର ଅସହାୟତା- "ସ୍ତ୍ରୀ ଲୋକଟିଏ ତ ଏଠି ପ୍ରତିଦିନ ମରୁଥାଏ / ପୁଣି ଜନ୍ମ ନେଉଥାଏ ଠିକ୍ ଯାଜ୍ଞସେନୀ ପରି / ଅଗ୍ନିରୁ ଉଭା ହେବାକୁ ପଡ଼େ ବାରମ୍ବାର / ସବୁ ଅନୁଭବ ହଜିଯାଇଥାନ୍ତି କେଉଁକାଳୁ / ବାଲ୍ୟ କୈଶୋରର।" (ଆଉଦିନେ ବର୍ଷାରେ ଭିଜିବି)

ବିଳମ୍ବରେ ହେଲେ ମଧ୍ୟ ଏହି ସମର୍ଥ ଶବ୍ଦସାଧିକାଙ୍କର କବିତା ସଂକଳନ

ପ୍ରକାଶିତ ହେବା ଓଡ଼ିଆ ସାହିତ୍ୟ ପାଇଁ ଏକ ଶୁଭ ସମ୍ବାଦ। ଏହି ସଂକଳନ ତାଙ୍କ କବି ପ୍ରତିଭାକୁ ପାଠକମାନଙ୍କ ଆଗରେ ତୋଳି ଧରିବା ସହ ତାଙ୍କୁ ଏକ ନୂଆ ପରିଚୟ ଦେବ।

ଏହି ଶବ୍ଦଗୁଡ଼ିକୁ ନେଇ ମୁଁ ପାଠକପାଠିକାମାନଙ୍କୁ ସଂଯୁକ୍ତା ନାୟକଙ୍କ ସହ ଆକାଶକୁ ହାତ ବଢ଼େଇବାକୁ ସାଦର ଆମନ୍ତ୍ରଣ ଜଣାଇବି।

ଡକ୍ଟର ସଂଘମିତ୍ରା ଭଞ୍ଜ
ବିଭାଗ ମୁଖ୍ୟ, ଓଡ଼ିଆ ଭାଷା ସାହିତ୍ୟ ବିଭାଗ
ରମାଦେବୀ ମହିଳା ବିଶ୍ୱବିଦ୍ୟାଳୟ

ମୋ କଥା

ପଢ଼ିବା ଏବଂ ଲେଖିବା ପ୍ରତି ମୋର ଆଗ୍ରହ ପିଲାଦିନେ ଅକ୍ଷର ଶିଖିବାଠାରୁ । ଆମ ଘରକୁ ସେତେବେଳେ ଆଜିକୁ ପଞ୍ଚାବନ ଷାଠିଏ ବର୍ଷ ତଳେ, କେତେଗୁଡ଼ିଏ ମାଗାଜିନ୍, ଯଥା: 'ଝଙ୍କାର', 'ଆସନ୍ତାକାଲି', 'ପିକ୍‌ଚର ପୋଷ୍ଟ', 'ଚକ୍ରାନ୍ତ' ଇତ୍ୟାଦି ପତ୍ରିକା ନିୟମିତ ଆସୁଥିଲା । ବାଲିକୁଦାରୁ ଜଣେ ଆସି ଆମ ଗାଁ ତିରୁଣାରେ ଦେଇଯାନ୍ତି । ମୁଁ ଅକ୍ଷର ଶିଖି ବହି ପଢ଼ିଲାବେଳକୁ ମୋ ପାଇଁ 'ମନପବନ' ଆସିଲା । ମୁଁ ଯାହା ପାଏ ପଢ଼ିପକାଏ, କିଛି ଛାଡ଼େନା । ସ୍କୁଲ୍‌ରେ ମୋ ଉପର କ୍ଲାସ୍ ପିଲାଙ୍କ ବହି, ଅଙ୍କ ବହିକୁ ଛାଡ଼ି, ଆଉ ସବୁ ମାଗିନେଇ ପଢ଼େ । ଯୋଗୀମାନେ ଗାଁକୁ ଆସିଲେ ସେମାନେ ଯେତେ ଯାହା ବହି ଆଣନ୍ତି ମୁଁ ସବୁ ପଢ଼େ । ସେମାନେ ଗାଁସାରା ବୁଲି ଫେରିଲାବେଳକୁ ମୋଠୁ ବହି ଫେରାଇ ନିଅନ୍ତି । ବଦଳରେ ଦିପହର ଖାଇବା ଓ ଅଧିକ କିଛି ଚାଉଳ ଲାଞ୍ଚ ଦିଆଯାଏ । ଆମ ଗାଆଁ ନିପଟ ମଫସଲରେ । କାହାଘରେ ନୂଆବୋହୂ ଆସିଲେ ମୁଁ ପାଖ ଘର ଛାଡ଼େନା । ଏକମାତ୍ର ଉଦ୍ଦେଶ୍ୟ ନୂଆବୋହୂ ଟ୍ରଙ୍କରେ କିଛି ନୂଆବହି ଥିଲେ ତାକୁ ପଢ଼ିବି । ତାଙ୍କ ସାଙ୍ଗରେ ଭାବ ଲଗେଇ ସେ ବହିସବୁ ସେଇଠି ବସି ପଢ଼ିଦିଏ । ତାଛଡ଼ା ଆମ ଘରେ ମହାଭାରତ, ରାମାୟଣ, ନୃସିଂହ ପୁରାଣ, ଦାର୍ଢ୍ୟତା ଭକ୍ତି ଇତ୍ୟାଦି ପୁରାଣ ରହିଥିଲା । କେବଳ ମହାଭାରତ ଛାଡ଼ିଦେଲେ ଅନ୍ୟସବୁ ପୁରାଣ ଘରେ ବଡ଼ ପାଟିରେ ପଢ଼େ । ସାହିପଡ଼ିଶାର ସ୍ତ୍ରୀଲୋକ ସବୁ ବସି ଶୁଣନ୍ତି । ଆମ କୁଟୁମ୍ବର ଭାଗବତ ଗାଦି ପାଖରେ ସବୁଦିନ ସନ୍ଧ୍ୟାରେ ଅଧ୍ୟାୟେ ଭାଗବତ ପଢ଼ା ମୋ ଦାୟିତ୍ୱ ଥାଏ । ସେ କାମ ମୁଁ ଆଗ୍ରହର

ସହ କରେ। ପର୍ବପର୍ବାଣିରେ ଓ ଓଷାବ୍ରତରେ ଲକ୍ଷ୍ମୀପୁରାଣ, ଟୀକା ଗୋବିନ୍ଦ ଚନ୍ଦ୍ର, ଖଣ୍ଡୁଆଳ ଜଣାଣ, ମା' ମଙ୍ଗଳା ଜଣାଣ ଇତ୍ୟାଦି ମୁଁ ଗାଇ ସମସ୍ତଙ୍କୁ ଶୁଣାଏ। ଏମିତିକି ମୋ ମାଉସୀ (ପମାଅପା)ର ମନ୍ତ୍ର ଖାତା, ଗୀତ କବିତା ଖାତା ମୁଁ ସବୁ ପଢ଼ି ମୁଖସ୍ଥ କରିପକାଏ। ପଢ଼ିବାକୁ ଯାହା ମିଳେ ପଢ଼ିପକାଏ, ସେ ପୁରୁଣା ଖବରକାଗଜ ହେଉ ବା ଜେମାଦେଈ କାନ୍ଦ ବହି ହେଉ।

ପାଠପଢ଼ା ବାଦ୍ ଲେଖାଲେଖି ଅଭ୍ୟାସ ଚିଠି ଲେଖାରୁ। ପାଞ୍ଚ ଛଅ ବର୍ଷ ବୟସରୁ ମୁଁ ଆମ ଗାଁର ଅନେକ ସ୍ତ୍ରୀଲୋକ, ବୟସ୍କ ପୁରୁଷ ଲୋକଙ୍କ ପାଇଁ ଚିଠି ଲେଖେ। ଆମ ଗାଁ ଧୋଇଆ ଅଞ୍ଚଳ ହେଇଥିବାରୁ ଅଧିକାଂଶ ଲୋକ ଗରିବ। ସେମାନେ କଲିକତାରେ ଦାଦନ ଶ୍ରମିକ ଭାବେ କାମ କରୁଥିଲେ। ଗାଁରୁ ତାଙ୍କୁ ଚିଠି ଲେଖିବା ପାଇଁ ମତେ ପ୍ରାୟ ଡାକରା ପଡ଼େ। ସେତେବେଳେ ମୋ ଅକ୍ଷର ଅନ୍ୟମାନଙ୍କ ତୁଳନାରେ ସୁନ୍ଦର ଏବଂ ଭାଷା ପ୍ରାୟ ନିର୍ଭୁଲ୍ ଥିବାରୁ ମୁଁ ସମସ୍ତଙ୍କ ପସନ୍ଦର ଜଣେ ଚିଠିଲେଖାଳି ଥିଲି। ବଦଳରେ ତାଙ୍କ ଘରକୁ କଲିକତାରୁ ଆସୁଥିବା ଚକ୍‌ଲେଟ୍ ବିସ୍କୁଟ୍, କମଳାରୁ ମତେ ଛୋଟ ଭାଗଟିଏ ମିଳୁଥିଲା। ମୁଁ ଉତ୍ସାହିତ ହେଇ ବହିମାନଙ୍କରୁ ନୂଆ ଶବ୍ଦ ବ୍ୟବହାର କରି ଲେଖିପାରୁଥିଲି।

ମୋର ପ୍ରଥମ ଲେଖା ପ୍ରକାଶିତ ହେଇଥିଲା ନବମ ଶ୍ରେଣୀରେ ଆମ ସ୍କୁଲ୍ ପତ୍ରିକା 'ମଧୁସ୍ମୃତି'ରେ। ଗପର ନାଆଁ ଥିଲା 'ଭଙ୍ଗା ବଇଁଶୀ'। ମୋର ମନେଅଛି ଆମ ସାହିତ୍ୟ ଗୁରୁମା ମୋ ପିଠି ଥାପୁଡ଼େଇ କହିଥଲେ 'ବେଶ୍ ଭଲ ଗପ ଲେଖିଛୁ ବଡ଼ ପିଲାଙ୍କ ପରି।' ସେ ମାଗାଜିନ୍‌ଟି ପରେ ଖୋଜି ଆଉ ପାଇଲି ନାହିଁ। ତା'ପରେ ଅଳ୍ପ କେତେଟା ଲେଖିଥିଲି। ସ୍ୱୀକାର କରିବାରେ ଦ୍ୱିଧା ନାହିଁ ଯେ ମୋର ବ୍ୟକ୍ତିଗତ କାଗଜପତ୍ର ବାବଦରେ ମୁଁ ସେତେ ବ୍ୟବସ୍ଥିତ ନୁହେଁ। ତେବେ ପଢ଼ିବା ଥିଲା ମୋର ନିଶା। ସେତକ ମୋ ବାପାଙ୍କଠାରୁ ମତେ ଉତ୍ତରାଧିକାର ସୂତ୍ରରେ ମିଳିଥିଲା। ମୋ ବାପା କାଗଜ ଠୁଙ୍ଗାଟିଏ ମଧ୍ୟ ନ ପଢ଼ି ଛାଡୁ ନ ଥିଲେ। ମୁଁ ବି ସେୟା କରୁଥିଲି।

କଲେଜରେ ପଢ଼ିବା ଦିନଠୁଁ ସେତେବେଳେ ପ୍ରକାଶିତ ଅଧିକାଂଶ ଭଲ ଇଂରାଜୀ ଏବଂ ଓଡ଼ିଆ ପତ୍ରିକା ମୁଁ କିଣୁଥିଲି। ବଙ୍ଗଳା ପୂଜା ସଂଖ୍ୟା 'ଦେଶ' ଓ 'ଆନନ୍ଦ ବଜାର'ଠୁ ନେଇ ଓଡ଼ିଆର ସମସ୍ତ ପୂଜାସଂଖ୍ୟା ପତ୍ରିକା ମୁଁ କିଣୁଥିଲି

ଆଉ ତାକୁ ପଢ଼ି ନ ସାରିବା ପର୍ଯ୍ୟନ୍ତ ଛାଡୁ ନ ଥିଲି। ସ୍କୁଲ୍‌ପଢ଼ା ସରିବା ବେଳକୁ ମୁଁ ଦେଶ ବିଦେଶର ଅନେକ ପ୍ରସିଦ୍ଧ କ୍ଲାସିକ୍‌ସ ପଢ଼ିସାରିଥିଲି। ବଙ୍ଗଳା ବହି ପଢ଼ିବା ପାଇଁ ବଙ୍ଗଳା ଶିଖିଥିଲି। ଲେଖାଲେଖି ପ୍ରତି ବିଶେଷ ଧ୍ୟାନ ଦେଇ ନଥିଲି।

ବାହାଘରେ ପରେ ମୁଁ ଭାବିଥିଲି ପଢ଼ିବା ପାଇଁ ବହୁତ ସୁଯୋଗ ମିଳିବ, ମାତ୍ର ଚାକିରି ଓ ସଂସାର ଜଞ୍ଜାଳ ପାଇଁ ସାହିତ୍ୟ ସହ ସିଧାସଳଖ ସମ୍ପର୍କ ପ୍ରାୟ ବନ୍ଦ ହେଇଗଲା। ମଝିରେ ଅଳ୍ପ କେତୋଟି ମୌଳିକ ଗଳ୍ପ ଆଉ ଅନୁବାଦ କରିଥିଲି। କିଛି ବିଭିନ୍ନ ପତ୍ରିକାରେ ସେତେବେଳେ ପ୍ରକାଶ ପାଇଥିଲା। ସେଥିରୁ ଅଧିକାଂଶ ମୁଁ ସାଇତି ରଖିପାରିନାହିଁ। ଅନେକ ଅସଂପୂର୍ଣ୍ଣ ଲେଖା ଥିଲା, ବେଶ୍ ଗୁଡ଼ିଏ ସେଥିରୁ ହଜିଯାଇଛନ୍ତି।

ଭାବିଥିଲି ଅବସର ନେବା ପରେ ଲେଖାପଢ଼ାରେ ମନ ଦେବି। ମୋ ନାତୁଣୀ ଜନ୍ମ ହେଲା। ତା' ବାପାମାଆ ଉଭୟ ଡାକ୍ତର। ତା'ର ଦେଖାଶୁଣା କାମ ବାହାର ଲୋକ ହାତରେ ଦେଇପାରିଲି ନାହିଁ। ତେବେ ମୋ ନାତୁଣୀ ପରୋକ୍ଷରେ ମତେ ବେଶ୍ ଉତ୍ସାହିତ କରିଛି। କରୋନା ସମୟରେ ତା'ର ଅନ୍‌ଲାଇନ୍ କ୍ଲାସ୍ ହେଲା ଦୁଇବର୍ଷ - ନର୍ସରୀଠାରୁ କେଜି-୨ ପର୍ଯ୍ୟନ୍ତ। ମୁଁ ତା' ସାଙ୍ଗରେ ବସେ। ଆମେ ଦୁଇଜଣ ପଢୁ, ପିଲାଙ୍କ ସାଙ୍ଗେ, ଶିକ୍ଷୟିତ୍ରୀମାନଙ୍କ ସାଙ୍ଗେ ମୁଁ ଗପସପ କରେ। ତା'ର ରଙ୍ଗ, ତୂଳି, ରଙ୍ଗିନ କାଗଜ, ଆକର୍ଷଣୀୟ ବହି, ନୂଆ ଶିକ୍ଷା ପ୍ରଣାଳୀ ଇତ୍ୟାଦି ମତେ ବେଶ୍ ଫୁର୍ତ୍ତି ଦେଲା।

ବାହାଘର ଦିନରୁ ମୋର ସ୍ୱାମୀ ଶ୍ରୀ ଗୌରହରି ଦାସ ମତେ ଲେଖିବା ପଢ଼ିବା ପାଇଁ ଉତ୍ସାହିତ କରିଆସିଛନ୍ତି। ମୁଁ ଲେଖିବା ପାଇଁ ଚେଷ୍ଟା କରେ। ସଂସାର ଜଞ୍ଜାଳ, ଅଫିସ୍ କାମ ଭିତରେ ଅନେକ ଲେଖା ଅଧା ଲେଖା ବା ରଫ୍ ହେଇ ସେମିତି ପଡ଼ିପଡ଼ି ହଜିଯାନ୍ତି। ୨୦୨୪ ମେ ମାସର 'କଥା' ପତ୍ରିକାରେ ମୋର ଗୋଟିଏ ଅନୁବାଦ ଗଳ୍ପ ପ୍ରକାଶ ପାଇଥିଲା। ତାକୁ ଅନେକ ପାଠକପାଠିକା ପ୍ରଶଂସା କରିଥିଲେ।

ମୋର ସୌଭାଗ୍ୟ ସେପ୍ଟେମ୍ବର ୨୦୨୪ରେ ଦିନେ ମୁଁ ରମାଦେବୀ ମହିଳା ବିଶ୍ୱବିଦ୍ୟାଳୟରେ ଓଡ଼ିଆ ବିଭାଗ ମୁଖ୍ୟା ଡକ୍ଟର ସଂଘମିତ୍ରା ଭଞ୍ଜଙ୍କ ଫୋନ୍ ପାଇଲି। ସେ ଚାହିଁଲେ ସେଇ ଅନୁବାଦ ଗଳ୍ପଟିକୁ ୟୁଟ୍ୟୁବ୍‌ରେ ଥିବା

ତାଙ୍କର ସିଦ୍ଧିମିତ୍ରା ଲିଟରେଚର ଚ୍ୟାନେଲରେ ଆବୃତ୍ତି କରିବେ। ତାଙ୍କୁ ଶୁଣି ଅନେକ ସାହିତ୍ୟପ୍ରେମୀ ଖୁବ୍ ପ୍ରଶଂସା କଲେ। ତା' ସାଙ୍ଗରେ ସେ ଗୋଟିଏ କବିତା ମୋଠାରୁ ଚାହିଁଥିଲେ। ଖୋଜି ଖୋଜି ଅନେକ ଦିନ ତଳେ 'ସମ୍ବାଦ ରବିବାର' ପୃଷ୍ଠାରେ ଛପା ହେଇଥିବା ମୋର କବିତା 'ସ୍ୱପ୍ନ ଦେଖ୍ନା ଲୋ ଗେହ୍ଲା ଝିଅ' ତାଙ୍କୁ ଦେଇଥିଲି। ସେ ଏତେ ଖୁସି ହେଇଗଲେ ଯେ ତାଙ୍କ ଆଗ୍ରହ ଦେଖି ମତେ ଆଶ୍ଚର୍ଯ୍ୟ ଲାଗିଲା। ସେଇ ଖୋଜାଖୋଜି ବେଳେ କିଛି ପୁରୁଣା ଗପ କବିତା ପାଇଲି। କିଛି ଅଧାଲେଖା ମଧ୍ୟ। ଡକ୍ଟର ସଂଘମିତ୍ରା ଭଞ୍ଜଙ୍କୁ ଯେତେ ଧନ୍ୟବାଦ ଦେଲେ ମଧ୍ୟ କମ୍ ହେବ। ଆଜି ଯଦି ଏ ସଂକଳନଟି ପ୍ରକାଶ ପାଇଥାଏ ତାହାହେଲେ ଏହା ପଛରେ ତାଙ୍କ ଉତ୍ସାହର ଏକ ବିଶେଷ ଅବଦାନ ରହିବ।

ମୋ ନିଜର ଦୀର୍ଘସୂତ୍ରିତା ଯୋଗୁଁ ମୁଁ ଅଧିକାଂଶ ଲେଖା ସଂପୂର୍ଣ୍ଣ କରିପାରିନାହିଁ, କିଛି ଦୁର୍ବଳ ଲେଖା ହେଇଥିବ ଭାବି ଚିରି ଫିଙ୍ଗିଦେଇଛି। ମୋର ଲେଖା ଛପାଯିବ, ମୋର ନିଜର ବହି ପ୍ରକାଶିତ ହେବ, ଏମିତି ସ୍ୱପ୍ନ ମୁଁ କେବେ ଦେଖି ନ ଥିଲି, ଆଜି ବି ବିଶ୍ୱାସ କରିପାରୁନାହିଁ। ଏହା ପ୍ରଭୁ ଶ୍ରୀଜଗନ୍ନାଥଙ୍କ କରୁଣା ଏବଂ ମା' ଶାରଳାଙ୍କ ଆଶୀର୍ବାଦ ବିନା ସମ୍ଭବ ହୋଇପାରି ନଥାନ୍ତା।

ଏହି ଅବସରରେ ମୁଁ ମୋ ବାପାବୋଉଙ୍କୁ ସ୍ମରଣ କରୁଛି। ମୋ ସାନ ମାଉସୀ (ପମାଅପା) ମୋ ପାଇଁ ବଜାରର ସବୁ ପ୍ରକାର କଲମ ଓ ପିଲାଙ୍କ ପାଇଁ ମିଳୁଥିବା ସବୁ ବହି ପତ୍ରିକା ଆଣିବାକୁ ଭୁଲୁ ନ ଥିଲା। ମତେ ସମର୍ଥ ଓ ସ୍ୱାଭିମାନୀ କରି ଗଢ଼ିବାରେ ତାର ଭୂମିକା ଅତୁଳନୀୟ। ଶେଷରେ ବହିଟିର ସୁନ୍ଦର ମୁଦ୍ରଣରେ ଯେଉଁମାନଙ୍କର ସାହାଯ୍ୟ ସହଯୋଗ ରହିଛି ସେମାନଙ୍କୁ ଅଶେଷ ଧନ୍ୟବାଦ ଜଣାଇବା ସହ ପ୍ରତିଷ୍ଠିତ ପ୍ରକାଶନ ସଂସ୍ଥା 'ବ୍ଲାକ୍ ଇଗଲ ବୁକ୍ସ'ର ଶ୍ରୀ ସତ୍ୟ ପଟ୍ଟନାୟକଙ୍କୁ ମୋର କୃତଜ୍ଞତା ଜଣାଉଛି।

ସଂଯୁକ୍ତା ନାୟକ

ଅନୁଭବ
୩୭୮ ବରମୁଣ୍ଡା ଗାଁ
ଭୁବନେଶ୍ୱର- ୭୫୧୦୦୩

ସୂଚୀ

ଶାନ୍ତିର ଦାମ୍ ଅଶୀ ହଜାର	୨୪
ଭାଇ	୩୦
ସ୍ୱପ୍ନ ଦେଖ୍‌ନା ଲୋ ଗେହ୍ଲା ଝିଅ	୩୪
ଆଉଦିନେ ବର୍ଷାରେ ଭିଜିବି	୩୮
ମୋହଭଙ୍ଗ	୪୩
ଏବେ କ'ଣ ତୋର ଠିକଣା ?	୪୬
ତମେ କ'ଣ ଅସହାୟ ଈଶ୍ୱର ?	୫୦
ସେ ଆସିବ	୫୩
ପକ୍ଷୀକୁ ବିଦାୟ	୫୭
ଅପେକ୍ଷା କର	୬୦
ଅଭିମାନ	୬୩
ସ୍ତ୍ରୀର ଅଧିକାର	୬୫
ସେ ଦିନ ଫେରିବ ନାହିଁ	୬୯
ସବୁ ଭୁଲିଯିବା ଯାଏ	୭୩
ସହଯାତ୍ରୀ	୭୭
ମାଆଙ୍କର ଦୁଇ ରୂପ	୮୨
ତୁମେ ନଦୀ ନୁହେଁ ଦେବୀ	୮୬
ପ୍ରତିବାଦ	୯୦
ସୀତା ୨୦୨୪	୯୩
ସେତିକି ଆଣିଦିଅ	୯୭
ସବୁକଥା ମନେଅଛି	୧୦୦
ପରୀକ୍ଷା ନିଅ	୧୦୩
ତୁମ ପାଇଁ	୧୦୬
ଯାଇପାରିବି ନାହିଁ	୧୧୦
ହାତ ବଢ଼େଇଲେ ଆକାଶ	୧୧୩

ଶାନ୍ତିର ଦାମ୍ ଅଶୀ ହଜାର

କିଏ ଏ ଝିଅଟି ?
ମୁଣ୍ଡରେ ଗୋଛାଏ ଝାମ୍ପୁରା କହରା ଚୁଟି
ଦେହରେ ରଙ୍ଗଛଡା ଫ୍ରକ୍ ଖଣ୍ଡେ
ଅଯତ୍ନରେ ବଢିଥିବା ନହକା ଲତାଟିଏ ଅବା
ଶାବନା ମୁହଁରେ କଥାକୁହା ଆଖି ଦିଇଟି
ସେଇ ନୁଖୁରା ମୁହଁଟିରେ ପୁଣି ଏମିତି ଭୁବନମୋହିନୀ ହସ !

ସେ ପରା ଶାନ୍ତି, ଗାଁ ଶେଷମୁଣ୍ଡ ବିଶୁଭାଇର ଚାରି ନମ୍ବର ଝିଅ ।
ଜନମଠୁ ହତାଦର, ଅବହେଳା ଛଡା ଆଉ କ'ଣ ଦେଖିଛି ସେ
ଅଭାବୀ ମୂଲିଆ ଘରେ କ'ଣ ବା ମିଳନ୍ତା ଚାରି ନମ୍ବର ଝିଅକୁ ?
ମା' ପେଟରୁ ସବୁ ବୁଝି ଯାଇଥଲା ଶାନ୍ତି
ନିଜକୁ ପ୍ରସ୍ତୁତ କରି ପୃଥିବୀକୁ ଆସିଥିଲା ସିଏ
ସେଇଥିପାଇଁ ତ ସବୁ ଯାତନା ସହି ବି ମିଠା ହସ ହସୁଥିଲା ।

ହଳଦୀମଖା ମୁହଁରେ ଏମିତି ଜଗତଜିଣା ହସ ଆଉ କାହାର ?
ପାଦରେ ପାଉଁଜି
ହାତ ଦି'ଟାରେ ନାଲି ହଳଦିଆ ବାହିଏ ଲେଖା ଚୁଡ଼ି
କାନରେ ଛୋଟ କାନଫୁଲ,

ବେକରେ ନାଲି ଫିତାରେ ଗୁନ୍ଥା ମାଳିଟିଏ
ଆଉ ଦେହରେ ନାଲି ଶାଢ଼ୀ ଖଣ୍ଡେ
ବୋହୂ ବେଶରେ ଶାନ୍ତି ଘୁରି ବୁଲୁଥିଲା ସାହିକୁ ସାହି
ବାପଘର ଆସିଛି ଯଦି ସମସ୍ତଙ୍କୁ ଦେଖିଦେଇ ଯିବ
କିଏ ଜାଣେ, ଆଉ ଆସିବା ଭାଗ୍ୟରେ ଜୁଟିବ କି ନାହିଁ !

ମଝି ଦାଣ୍ଡଟାରେ ଶୋଇଛି କିଏ ?
ମୁଣ୍ଡଠୁ ଗୋଡଯାଏ ଘୋଡ଼ିହେଇ ଦି'ପହର ଖରାଟାରେ
ଏମିତି ଅଚିନ୍ତା ନିଦ କାହାକୁ ହୁଏ !
ଆଉ କିଏ ? ସେଇ ହାତଭାଗିନୀ ଶାନ୍ତି
ତା'ର କେଉଁ ଦୋଷ ପାଇଁ ଏ ଶାସ୍ତି ?

ସ୍ୱାମୀ ତା'ର ରାତି ଅଧରେ ପର ସ୍ତ୍ରୀ ପାଖକୁ ଯାଏ
ପୁରୁଷ ପିଲା ତ ପିତଳ ହାଣ୍ଡି, ଧୋଇ ମାଜିଦେଲେ ଚକଚକ
ବାୟାଣୀଟା ଟିକିଏ ସହିଯାଇଥାନ୍ତା ହେଲେ,
ତା' ନକରି ଲାଜ ସରମ ଛାଡି ନୂଆ ବୋହୂଟା
ଶାଶୂ ଶ୍ୱଶୁରଙ୍କ ପାଖେ ଫେରାଦ ହେବା କ'ଣ ଠିକ୍ ହେଲା ?

ଏବେ ମୂଳଚାଲ ଚାଲିଛି
ଗାଁ ଯୁବକ ସଂଘ ହୁଙ୍କାର ଦେଇଛି
ଦୁଇ ଲକ୍ଷରୁ ଟଙ୍କାଟାଏ କମ୍ ନୁହେଁ
ନା, ପଚାଶ ହଜାର
ଆଦୌ ନୁହେଁ
ଷାଠିଏ ହଜାରରେ କଥା ସରୁ, ନହେଲେ କଚେରୀକୁ ଯିବା,
ପୁଅ ମୋର ବୁଢା ହେଇ ଯାଉନି, ସାତ ଥର ବାହା ଦେବି
ଅଣ୍ଟା ବଙ୍କେଇ ନିଉଛାଳି ହେଇ କିଏ ଦଇନି କରୁଛି ?

କଚେରୀ ପୋଲିସ କଥା କହନା ସମୁଦି, ମୁଁ ମରିଯିବି
ତମକୁ ମିଛ ମତେ ସତ
ବିଲ ବନ୍ଧା ଦେଇଛି, ବଣିଆ ଦୋକାନରେ ବାକି
ଲୁଗା ଦୋକାନୀ ସବୁଦିନ ସକାଳେ ମୁହଁ ଦେଖଉଚି
ସବୁ ମିଶି ସତୁରି ହଜାର ଶୁଝିବାକୁ ହବ
ମା' ଖଣ୍ଡୁଆଳଙ୍କ ରାଣ ଖାଉଛି, ସମସ୍ତଙ୍କୁ ପଚାର ।

ଠିକ୍ ଅଛି, ତମେ ତାଙ୍କୁ ମାମଲାରେ ଛନ୍ଦ ନାହିଁ
ସମସ୍ତଙ୍କ କଥା ରହୁ,
ବିଶୁଭାଇକୁ ଦିଅ ସତୁରି ହଜାର
ଆଉ ଆମ ଯୁବକ ସଂଘ ପାଇଁ ଦଶ ହଜାର
ପୋଲିସ୍ ଗାଁକୁ ଆସିବା ଭଲ କଥା ନୁହେଁ
ଏବେ ଉଠାଅ ମୁର୍ଦ୍ଦାର
ବେଳ ବୁଡିବା ଆଗରୁ ଶବପୋଡା ସାରିବାକୁ ହେବ।

ସମସ୍ତେ ଆଶ୍ୱସ୍ତ
ବିଶୁଭାଇର ଋଣ ଶୁଝିଯିବ
ଯୁବକ ସଂଘ ଖୁସି।
ଏଥର ବାସନ୍ତୀ ଦୁର୍ଗାପୂଜା ଖୁବ୍ ଜମିବ।

ଶାନ୍ତିକୁ କେହି ଦିନେ ପଚରି ନଥିଲା କ'ଣ ତା'ର ଦୁଃଖ ?
ଏବେ ବି ତା' ଗାଲ, ବେକରେ ଆଙ୍ଗୁଠି ଚିହ୍ନ ସ୍ପଷ୍ଟ
କେହି ସେ ଆଡେ ଅନେଇଲେ ନାହିଁ
ତା' ମୁହଁରେ ଦିନେ ଝଟକୁଥିବା ଲକ୍ଷେ ଟଙ୍କିଆ ହସ କଥା
ଆଉ କାହାରି ମନେପଡ଼ିଲା ନାହିଁ।

ତା' କଥା କାହିଁକି କିଏ ଚିନ୍ତା କରିବ
ସେ ଏମିତି କିଏ କି ?
ଗରିବ ମଜୁରିଆର ଘରି ନମ୍ବର ଝିଅ,
କାଳି କୋତରୀ ମୁଣ୍ଡ ଝାମ୍ପୁରୀ,
ତା' ଜୀବନର ବା ମୂଲ୍ୟ କେତେ !

ରାମ ନାମ ସତ୍ୟ ହେ, ହରି ନାମ ସତ୍ୟ ହେ

କାହାର ମୁର୍ଦ୍ଦାର ଯାଉଛି ? କିଏ ଚାଲିଗଲା ?
ସିଏ ପରା ଗାଁ ଶେଷ ମୁଣ୍ଡ ବିଶୁଭାଇର ଘରି ନମ୍ବର ଝିଅ ଶାନ୍ତି
ଯାହାର ଦାମ୍ ଅଶୀ ହଜାର ।

ଭାଇ

ତୁମେମାନେ ସମସ୍ତେ ମତେ ଦୋଷ ଦେଲ
ମୁଁ ସବୁଠୁ ବେଶି ତାକୁ ଭଲପାଏ !

ପରିବାରର ସମସ୍ତଙ୍କଠାରୁ କମ୍ ପାଠ, କମ୍ ଜ୍ଞାନ ତା'ର
ରୂପରେ କି ଗୁଣରେ କାହା ସାଙ୍ଗେ ସରି ନୁହେଁ।
ସଂସାର ଚଳେଇବାର ବୁଦ୍ଧି ତା'ର ନାହିଁ
ତଥାପି ମୁଁ ତା'ର ସବୁକଥା ଶୁଣୁଛି
ତା'ର ସବୁ ଅଭିଳା ଜିଦ୍‌କୁ କାଳେ ସମର୍ଥନ କରୁଛି !

ମାନୁଛି, ତା' ପ୍ରତି ମୋର ମାତ୍ରାଧିକ ସ୍ନେହ ଠିକ୍ ନୁହେଁ
କୌଣସି କଥା ସେ ଠିକ୍ ଭାବେ କରୁନାହିଁ, ମୁଁ ଜାଣେ
ତା'ର ଭୋଳାପଣ ପାଇଁ ସେ ଢେର ମୂଲ୍ୟ ଦେଉଛି
ତାହା ସତ୍ତ୍ୱେ ତାକୁ ମୁଁ ପଦେ ଟାଣ କରି କହିପାରୁନାହିଁ।

ମୋର ବି ରାଗ ଆସେ ତା' ଉପରେ
ମୋର ବି ତାକୁ ଝିଙ୍ଗାସିବାକୁ ଇଚ୍ଛାହୁଏ।
ହେଲେ ଠିକ୍ ସେତିକିବେଳେ ମନେପଡ଼ିଯାଏ
ପଚାଶ ବର୍ଷ ତଳର କଥା

ଖରାଦିନ ସ୍କୁଲ ଛୁଟିରେ ଯାଇଥିଲି ଗାଁକୁ
ସେଦିନ ମାଛବାଲା ଆସିନଥିଲା
ସାତ କିଲୋମିଟର ବାଲିପନ୍ତା,
କୋଇଲିଖିଆ କଣ୍ଟାର ହିଡ଼ ପାରହେଇ
ମାଛଗାଁ ହାଟକୁ ଯାଇ
ତା' କଅଁଳ ପିଠିରେ ଲାଉ କରି ଆଣିଥିଲା
ତିନି କିଲୋର ବଡ ରୋହିମାଛ ମୋ ପାଇଁ।

ପାଖରେ ପଇସାଟିଏ ନଥିଲା
ଖୋଜି ଖୋଜି ବାପାଙ୍କ ଚିହ୍ନା ମାଛବାଲାକୁ ସାକ୍ଷୀ ଦେଇ
ବାକିରେ ମାଛ ଆଣି ପୁଣି ଖରାରେ ଫେରିଥିଲା
ଅପନ୍ତରା ବାଟରେ
ଭୋକିଲା, ଶୋଷିଲା, ଝାଳ ସରସର ହେଇ
ଏ ସେଇ, ଅଳ୍ପ ପାଠୁଆ ନିର୍ବୁଦ୍ଧିଆ ମୋ ଭାଇ।

ଏବେ ତମେ ସବୁ କୁହ
କେମିତି ଭୁଲିଯିବି ସେ ଦିନକୁ ?

ଆଜି ବି ଆଖି ଆଗରେ ଦିଶିଯାଏ
ମୋର ଏଗାର ବର୍ଷର ଛୋଟ ଭାଇ
ଖାଲି ହାତରେ, ହାଟଭର୍ତ୍ତି ମଣିଷଙ୍କ ଭିତରେ ଖୋଜିଥିବ
କେହି ଜଣେ ତାକୁ ସାହାଯ୍ୟ କରିବ
ତା' ଆଇଁଷ ରଂକୁଣୀ ଦେଇ ପାଇଁ
ବାକୀରେ ମାଛଟିଏ ନେବ ।

ଯେତେବେଳେ ଭାବେ ତାକୁ ଟାଣକରି ପଦେ କହିବି
ସେତେବେଳେ ସେଦିନର କଥା ମନେପଡ଼େ,
ମୋର ସବୁ ରାଗ, ବିରକ୍ତି
ମୋଡିମାଡି ହେଇ ପେଡ଼ିରେ ପଶିଯାଏ ।
ଏବେ ମତେ ସେଇ ଉପାୟ ବତାଅ
କେମିତି କେଉଁ ମଲମରେ ଭଲ କରିବି ତା'ର ପାଦର ଦରଜ,
କୋଇଲିଖିଆ କଣ୍ଟା ଫୁଟେଇଥିବା କ୍ଷତ ସବୁ,
କିଏ ମତେ ଭୁଲେଇଦେବ ସେଇ ଦିନ ?
କ'ଣ ଦେଇ ଲେଉଟାଇବି ତାର ମୂଲ୍ୟ ?
କେମିତି, କେତେ ଜନ୍ମରେ ଶୁଝିବି ମୋର ଛୋଟ ଭାଇର ସେଇ ଋଣ ?

ହାତ ବଢ଼େଇଲେ ଆକାଶ | ୩୩

ସ୍ୱପ୍ନ ଦେଖ୍‌ନା ଲୋ ଗେହ୍ଲା ଝିଅ

ଝିଅ ଜନ୍ମ ପାଇ ଏତେ ସ୍ୱପ୍ନ ଦେଖ୍ ନା ଲୋ ଗେହ୍ଲା ଝିଅ,
ବାପା ପାଖେ ସେଇ ଅଳି
ସ୍ୱାମୀ ପାଖରେ ବି !
କହୁଛୁ କ'ଣ ନା ଥରେ ଜହ୍ନ ରାତିରେ
ତାଜମହଲ ଦେଖିବାକୁ ଇଚ୍ଛା !
ଝିଅ ଜନ୍ମପାଇ କାହିଁକି ଏମିତି ମନପବନ ଘୋଡାରେ ବସିବାକୁ ମନ ?

ବାପ ତତେ ଭରପୁର ସ୍ନେହ ଦେଲା,
ଭାଙ୍ଗିଗଲେ ଗଢିଦେଲା,
ହଜିଗଲେ ଖୋଜିଦେଲା,
କେଉଁଥିରେ କମ୍ ହେଲା କି ତୋର ?
ଆହୁରି କହୁଛୁ କ'ଣ ନା ଥରେ ଜହ୍ନରାତିରେ
ତାଜମହଲ ଦେଖିବାକୁ ଇଚ୍ଛା !

ସ୍ୱାମୀ ବା କ'ଣ ନଦେଲା ତତେ ?
ପ୍ରାସାଦ ପରି ଘର,ବନ୍ଧୁ ପରିଜନ,
କେଉଁଥିରେ ଊଣା ତୋର ?
ନିଜ ଖୁସିରେ ରାନ୍ଧିଲୁ, ଖୁଆଇଲୁ, ଖାଇଲୁ
ଦାନଧର୍ମ କରି ପୁଣ୍ୟ ଅର୍ଜିଲୁ
ରାଣୀ ପରି ସାଜିବାକୁ କିଏ ମନା କରିଥିଲା କି ତତେ ?
ସକାଳର ଗୋଲାପ ପରି, ମହମ ପିତୁଲା ପରି ଦି'ଟା ପିଲା ବି ଦେଲା
ଯାହାଙ୍କୁ କଣ୍ଢେଇ ପରି ଖେଳିଲୁ ତୋ ମନଇଚ୍ଛା
ତଥାପି କହୁଚୁ କ'ଣ ନା ଥରେ ଜହ୍ନରାତିରେ
ତାଜମହଲ ଦେଖିବାକୁ ଇଚ୍ଛା !

ଝିଅ ଜନ୍ମ ପାଇ ଏତେ ଆଶା କରିବା କ'ଣ ଭଲ କଥା ?
ପିଲାମାନେ କେବେ ନିରାଶ କରିଛନ୍ତି କି ତୋତେ ?
ବିଦ୍ୟାରେ, ବୁଦ୍ଧିରେ ଏକକୁ ଆରେକ ବଳି
ଭରପୂର ସଂସାରରେ କିଛି ଅପୂରା ରହିଗଲା କି ତୋର ?
ଏତେ ସବୁ ପାଇଲା ପରେ ମନ ପୂରିଲାନି ଯେ

ପୁଣି କହୁଛୁ କ'ଣ ନା ଥରେ ଜହ୍ନରାତିରେ
ତାଜମହଲ ଦେଖିବାକୁ ଇଚ୍ଛା !

ମାଗୁଛୁ ଯଦି ବିଧାତାକୁ ମାଗ୍ ଲୋ ଗେହ୍ଲା ଝିଅ
ଆଉ ତୋତେ ଝିଅ ଜନ୍ମ ଦେବେନି
ଯଦି ଝିଅ ଜନ୍ମ ଦେବେ,
ତେବେ ସ୍ୱପ୍ନଭୁକ୍ ମନଟିଏ ଦେବେନି
ଯଦି ତା'ବି ଦିଅନ୍ତି, ତେବେ
ତୋ ମନରେ, ଆଖିରେ ସେଇ ସ୍ୱପ୍ନ ଦେବେ ଯେମିତି
ନିଜର ଚାରିକାନ୍ଥ ଭିତରର ସଂସାରକୁ କେବଳ
ପୃଥିବୀ ମଣୁଥିବୁ
ଏବଂ ସେଇ ପୃଥିବୀ ଭିତରେ
ଘୂରି ଘୂରି ବୁଲୁଥିବୁ ତୋ ବର ଓ ଘରକରଣାର ଚାହିଦା ଚାରିପଟେ
ଖବରଦାର୍ ଝିଅ
ଏ ଜନ୍ମର ସ୍ୱପ୍ନ ସାଙ୍ଗରେ ନେଇ ସେ ପୁରକୁ ଯିବୁନିଟି !
ଆର ଜନ୍ମରେ ଯେମିତି ଆଉ ନକହୁ
'ଥରେ ଜହ୍ନରାତିରେ ତାଜମହଲ ଦେଖିବାକୁ ଇଚ୍ଛା !'

ଆଉଦିନେ ବର୍ଷାରେ ଭିଜିବି

ବର୍ଷାରେ ଭିଜିଥିଲି କେବେ !
କେତେ ଜନ୍ମ ତଳେ ?
ଆକାଶ ମାଠିଆ ମୁହଁରେ ପାଣି ଢାଳୁଥିଲା ବେଳେ
ହାବୁକା ହାବୁକା ପାଣିରେ ଚବର ଚବର ହୋଇ
ଖେଳିବା ଉଲ୍ଲାସ ତ କେବେଠାରୁ ଭୁଲିସାରିଛି ।

ସ୍ତ୍ରୀ ଲୋକଟିଏ ତ ଏଠି ପ୍ରତିଦିନ ମରୁଥାଏ,
ପୁଣି ଜନ୍ମ ନେଉଥାଏ ଯାଜ୍ଞସେନୀ ପରି
ଅଗ୍ନିରୁ ଉଭା ହେବାକୁ ପଡେ ବାରମ୍ବାର
ସବୁ ଅନୁଭବ ହଜିଯାଇଥାନ୍ତି କେଉଁକାଳୁ,
ବାଲ୍ୟ କୈଶୋରର

ଅନେକ ଚାହିଁ ନଥିବା ଚିଜ ମିଳିଥାଏ
ଏଠି କିନ୍ତୁ ମିଳେନା କେବେ ନିରୋଳା ଅପରାହ୍ନଟିଏ
ଆଉ ଅକୃପଣ ବଉଦ ଏକା ସଙ୍ଗେ ।

ଉତ୍ତର ପଟୁ ଉଠେଇ ଆସିଲାଣି କଳାହାଣ୍ଡିଆ ମେଘ,
ଲାଗୁଚି ଆଜି ବର୍ଷା ହବ,
ଆଜି ଟିକେ ବର୍ଷାରେ ଭିଜିବି।
ପୁଅ ଯାଇଛି କ୍ରିକେଟ ଖେଳି,
ଝିଅ ଟ୍ୟୁସନରୁ ଆସିବ ଦି'ଘଣ୍ଟା ପରେ,
ସେ ତ ଫେରିବେ ରାତିରେ,
କୁଆ ପଥର ପଡ଼ିବ କି ?
ଆଜି ନିଶ୍ଚେ ମନଭରି ଭିଜିବି ମୁଁ ଝୋ ଝୋ ବର୍ଷାରେ।

ଶାଶୂ ଡାକିଲେଣି,
କୁଆଡ଼େ ଗଲୁ ବୋହୂ ?
ଶ୍ୱଶୁର କହୁଛନ୍ତି ପକୁଡି ଦି'ଟା ଛାଣନ୍ତୁନି ଝିଅ ?
ତରତରରେ ଆଳୁ, ପିଆଜ କାଟୁକାଟୁ ଆଙ୍ଗୁଠି କଟିଗଲା ତ
କଟିଯାଉ ବର୍ଷାରେ ଭିଜିଲେ ଲିଭିଯିବ ଜ୍ୱାଳା।

କିନ୍ତୁ ଅଛିଣ୍ଡା କାମ ସରୁନାହିଁ
କେତେ ବରାଦ ସଭିଙ୍କର
ଘରେ ସଂଜବତି ଦେଇଦେବୁ,
ମଙ୍ଗଳା ମନ୍ଦିରରୁ ଫେରିଲା ବେଳକୁ ସଞ୍ଜବେଳ ଗଡିଯିବ।

ଲାଇନଟା ଚାଲିଗଲା ନା କ'ଣ !

ପୁଅ ଏବେ ଖେଳରୁ ଫେରିବ,
ସାଙ୍ଗରେ ଥିବେ ନିଶ୍ଚେ ବିଟୁ ଓ ପୁପୁନ୍,
ଝିଅର ତ ସବୁବେଳେ ଛଣାଛଣି ଖାଇବାକୁ ମନ

ଏଣେ ବର୍ଷା ପଡ଼ିଲାଣି ଟୁପ୍ ଟାପ୍, ଟପ୍ ଟପ୍
ଗେଟ୍ ପାଖରୁ ଡାକ ପୁଅର
"ମା' ତଉଲିଆଟା ଦେ ଶୀଘ୍ର,
ଇଡିଅଟ ବର୍ଷା ଫାଣ୍ଟାଷ୍ଟିକ୍ ମ୍ୟାଚଟାକୁ ମାଟି କରିଦେଲା
ଅଦା ପକେଇ କପେ ଚା' ଦେବୁକି ମା' ? ପ୍ଲିଜ୍..."
ଶଶୁର କହିଲେ- "ମୋ ପାଇଁ ବି କପେ, ବିନା ଚିନିରେ ଲେମ୍ବୁ ଚା'"

ବାହାରେ ବର୍ଷାର ଛମ୍ ଛମ୍ ନାଚ
ଫୋନ୍ ଆସିଲା- 'ମୋ ପଢ଼ା ଟେବୁଲର ମଝି ଡ୍ରୟର ଖୋଲ
ନନା ପଠେଇଥିବା ମେଲ୍‌ର କପି ଅଛି ତାକୁ ଟିକେ ପଢ଼ି ଶୁଣାଅ'

ଝିଅ ଟ୍ୟୁସନରୁ ଫେରିଲା ବୋଧେ,
ଧୁମ୍ ଧୁମ୍ ଚାଲି ଆଉ କାହାର ହବ ?
ମା' ! ମୋ ସ୍କେଲ୍ ବାହାର କରିଥିଲା କିଏ ?
ଜାଣିଛ ଟ୍ୟୁସନରେ କେତେ ହଇରାଣ ହେଲି ?
କୁଆଡେ ଗଲା ସ୍କେଲ୍ ଶୀଘ୍ର ଖୋଜିଦିଅ
କେତେଥର କହିଛି ମୋ ଜିନିଷ କେହି ଛୁଇଁବନି ବୋଲି ।

ସବୁ କାମ ସରିବାବେଳକୁ
ବର୍ଷା ଚାଲିଗଲାଣି ।
ଆଉ ଶୁଭୁନି ତା'ର ପାଦଶବ୍ଦ,
ଏବେ ଖାଲି ଶୁଭୁଛି ଛାତ ଉପରୁ ନିଗିଡ଼ା ପାଣିର ଶବ୍ଦ,
ଶୋଇବା ଘରୁ ଝିଅର ପେନସିଲ୍, କଲମ ଖଡଖଡ
ପୁଅ ଘରୁ ଏ.ଆର୍. ରେହେମାନ୍ ମ୍ୟୁଜିକ୍ ଆଉ
ଶାଶୂଙ୍କର ଘାଘଡା ଗଳାରେ ଭୁଲ୍‌ଭାଲ୍ ଭାଗବତ ପଢ଼ାର ଉଚ୍ଚାରଣ
ଯାହା ପାଇଁ ଏତେ ପ୍ରତୀକ୍ଷା ଥିଲା ସେ ବର୍ଷା ଫେରିଗଲାଣି
କିଏ ଜାଣେ ପୁଣି କେବେ ଆସିବ ସେ ?

ହେଉ, ଆଉଦିନେ ମୁଁ ବର୍ଷାରେ ଭିଜିବି ।

ମୋହଭଙ୍ଗ

ଅତି ଆଦରରେ କେତେ କାଳ ବସି ଗଢ଼ିଥିବା ବିଧାତା ଦିନେ
ଭୋକିଲା ଶୋଷିଲା ଆଉ ଲଙ୍ଗଳା ଦେହରେ ଠେଲିଦିଏ ତଳକୁ
କେବଳ ଦୁଇଟି ହାତର ଭରସାରେ
ସେଇ ହାତ ପ୍ରସରିଯାଏ ଆକାଶ, ଜହ୍ନ-ତାରା ଯାଏ
ସ୍ୱପ୍ନ ଦେଖାଏ ରାଜାପୁଅ ଘୋଡ଼ାଚଢ଼ି ଆସିବାର
ପୁଣି ବୁଢ଼ୀ ଅସୁରୁଣୀ ପାହାଡ଼ ଉପରୁ ଠେଲିଦେଲେ
ଉଦ୍ଧାର ପାଇବାର ଆଶା ବି ଭରିଦିଏ ମନରେ
ଦିନେ ଅଦୃଷ୍ଟ ସାଙ୍ଗେ ଲଢ଼ିବାର ସମୟ ଆସି ପହଞ୍ଚେ
ବାଟ କଢ଼ାଇନିଏ ଅଗନାଗ୍ନି ବନସ୍ତକୁ
ମାୟା ମିରିଗର ପଛରେ ଧାଉଁ ଧାଉଁ ପଛକଥା ରହିଯାଏ ପଛରେ
କେହିଜଣେ ଡାକିନିଏ ଆଉ ଏକ ଅଜଣା ଜଗତକୁ

ପଣତକାନି ପ୍ରସାରିଥିବା ହାତରେ
ମାତ୍ର ତିନି ଆଞ୍ଜୁଳା ଚଉଳ ମୂଲଦେଇ
ତା'ର ସବୁ କଷ୍ଟ, ସବୁ ମମତାର ଋଣ ଶୁଝିବାକୁ ହୁଏ ।

ରକ୍ତ, ଲୁହ ଆଉ ଝାଳ ନିଗାଡ଼ି ଗଢ଼ିଥିବା ସମ୍ପର୍କ ମାନେ
ଅଚିହ୍ନା ମନେ ହୁଅନ୍ତି

ସତ ଲାଗୁଥିବା କଥାଗୁଡ଼ାକ ମିଛ ହୋଇଯାନ୍ତି
ଯିଏ ଦିନେ ଭରସାର ଆଶାବାଡ଼ି ପରି ଲାଗୁଥାଏ
ଅଚାନକ ସେଇ ପୁଣି ମୁହଁ ଫେରାଇ ନିଏ
କୁହେ, ଯା ଚାଲିଯା ! ଅନ୍ୟ ଆଶ୍ରୟ ଖୋଜ
ମୋ ଉପରେ ଆସ୍ଥା ରଖିବା ତୋର ଭୁଲ
ଏଣିକି ତୋ ରାସ୍ତା ତୋତେ ଭୋଗିବାକୁ ହେବ ।

ଏବେ ବେଳ ଗଡ଼ି ସଞ୍ଜ ହେବାକୁ ବସିଲାଣି
କୁଆଡ଼େ ଯାଇହେବ ଏଇ ସ୍ଥବିର ଶରୀର, ରୁଗ୍‌ଣ ମନ
ଆଉ ପକ୍ଷାଘାତଗ୍ରସ୍ତ ଆତ୍ମା ନେଇ ?

ସବୁ ସମ୍ପର୍କର, ପ୍ରେମ, ପ୍ରତିଶ୍ରୁତି, ପ୍ରବଞ୍ଚନାର
ଚେହେରା ଏବେ କାଚକେନ୍ଦୁ ପାଣିପରି ସ୍ୱଚ୍ଛ
ସାମ୍ନାରେ ଦିଶୁଛି ଦିଗ୍‌-ବଳୟ,
ହେଲେ ପାଦ ଯୋଡ଼ିକ ଶକ୍ତିହୀନ
ଆଉ କିଛି ଭାବିବାକୁ ବେଳନାହିଁ
ଖୋଲା ସରିଛି କବର,
ନିଜକୁ ନିଜେ ଏବେ ଜୀବନ୍ତ ସମାଧି ଦେବାର ବେଳ ।

ଏବେ କ'ଣ ତୋର ଠିକଣା ?

ସେଦିନ ତ ସିଏ ଏଇଠି ବସିଥିଲା କାହ୍ନୁକୁ ଆଉଜି !
ଏକଲୟରେ ଚାହିଁଥିଲା ସାମ୍ନା ରାସ୍ତାକୁ,
ମୋ ଆସିବା ବାଟକୁ,
ମୁଁ ଘର ଭିତରେ ପଶିବା ବେଳକୁ ସେ ରୋଷେଇ ଘରେ
କାଳେ ମୋ ପାଇଁ କେହି ଚା' କରିବାକୁ ଡେରି କରିଦେବ ।

ସଭିଙ୍କ ଅଭିଯୋଗ
ପିଲାଙ୍କ ଖାଇବା ପିଇବା କଥା ଛାଡ଼ିଦେଲେ
କିଛି ଆଉ ମନେ ରହୁନଥିଲା ତା'ର
ତା' ପିଲାମାନେ ତା'ର ଗଣ୍ଠିଧନ
ସବୁ ପରିଚୟ ହଜେଇ ସାରିଥିବା ମଣିଷଟିଏ ସେ
ତା'ର ପିଲାମାନେ ହିଁ ଏବେ ତା'ର ଏକମାତ୍ର ଠିକଣା

ଖଟ ଉପରେ ଶୋଇଥିଲା ଚୁପ୍‌ଚାପ୍
କ'ଣ କହିବାକୁ ଚାହୁଁଥିଲା ବୋଧେ
ଶବ୍ଦ ଆଉ ସ୍ୱର ସହଯୋଗ କରୁନଥିଲେ
ଆଖି ବୁଲେଇ ଦେଖୁଥିଲା ସମସ୍ତଙ୍କୁ
ହାତଠାରି କିଛି କହୁଥିଲା, କିଏ ବୁଝୁ କି ନବୁଝୁ

ଆଙ୍ଗୁଠି ଉପରକୁ ଟେକି କିଛି ଦେଖାଉଥିଲା,
କିଏ ଦେଖୁ କି ନ ଦେଖୁ

ଆଜିଠୁ ଏଇ ବଖରାଟି ତା'ର ପୃଥିବୀ, ତା'ର ଠିକଣା ।

ଏବେ କେଉଁ ଘରେ ସିଏ ?
ସେ ବାଡ଼ିପଟକୁ ଯାଇଛି କି, ଆମ୍ବ ଗଛରୁ ମାଙ୍କଡ଼ ତଡ଼ିବାକୁ ?
ନା ଚଗଲା କଅଁଳା ବାଛୁରୀକୁ ମନେଇ ଖୁଆଇଦେବାକୁ ?
ଏତେବଡ଼ ବଗିଚାରେ ଥିବ କେଉଁଠି, ନହେଲେ
ନଦୀକୂଳ ବରଗଛ ତଳେ ବସି ଗପୁଥିବ ଝାଲୁଅପା ସାଙ୍ଗେ
ଏଇଠି ତ ଥିଲା, କ୍ଷଣକରେ କେମିତି ଉଭେଇ ଗଲା ?
କୁଆଡ଼େ ତ ତା' ଘର ଛାଡ଼ି କେବେ ଯାଏ ନାହିଁ ।

ତୁ ଏଇଠି ତ ଥିଲୁ ?
ଖଟ କୋଣରେ ଲୁଚିଥିଲୁ ଅଥଚ
ଆଜିକୁ ଏଗାର ଦିନ ହେଲା ତୁ ନିଖୋଜ
ଘର ଚାରିପାଖ, ବଗିଚା, ନଦୀକୂଳ
ସବୁଆଡ଼େ କେତେ ଖୋଜିଲି ଜାଣୁ ?

ଏବେ ତୋ ଗେହ୍ଲାପୁଅ ତିନିଥର ଡାକିଲା
'ବୋଉ, ଚାଲ ତୁଠକୁ ଯିବା'
ତୁ ସୁନା ଝିଅଟି ପରି ତା' ସାଙ୍ଗରେ ଚାଲିଗଲୁ
ଜାଣିପାରିଲୁ ନାହିଁ, ତତେ ସେ ଭୁଲେଇ ନେଇଗଲା
ତୋ ଫେରିବାର ବାଟ ବନ୍ଦ ହୋଇଗଲା

ଏବେ କେଉଁଠି ରହୁଛୁ ତୁ ?
ନଈ ତୁଠର ସେଇ କଳା ଭଅଁର ପାଣି ଭିତରେ ?
ନାଁ ବରଗଛ ମୂଳର ଥିରିଥିରି ପବନରେ ?
ମୁଁ ସବୁଠି ଖୋଜୁଛି
ଜାଣେନା କେବେ ପାଇବି ତୋତେ ତୋର ନୂଆ ଠିକଣାରେ !

ତମେ କ'ଣ ଅସହାୟ ଈଶ୍ୱର ?

ତୁମେ ବୋଧେ ଥିଲ ଗେଟ୍ ଆରପାଖରେ
ଆମ ପାଚେରିଠୁ ବେଶ୍ କିଛି ଦୂରରେ
କେଉଁଠି ତ ଦିଶୁନଥିଲ, କି ଶୁଭୁନଥିଲା ତୁମର ପାଦଶବ୍ଦ
ଚୁପ୍‌ଚାପ୍ ଛିଡା ହେଇ ଶିଉଳିଲଗା ପାଚେରୀକୁ ଦେଖୁଥିଲ
ନା ଶ୍ରୀହୀନ ମଧୁମାଳତୀର ଲତାକୁ ?
ନା ପଢୁଥିଲ ଗେଟ୍ ଦୁଇପାଖରେ ଗ୍ରାନାଇଟ୍ ଦେହରେ
ଲେଖାଥିବା ନାଁ ଆଉ ଠିକଣାକୁ ?
ନହେଲେ ଆଉ ଟିକେ ଉପରକୁ ଚାହିଁ ଦେଖୁଥିବ
ପାରାମାନଙ୍କର ଖେଳ ଆଉ କାନଡ଼େରି ଶୁଣୁଥିବ
ତାଙ୍କ ଘୁମୁରୁ ଘୁମୁରୁ ଶବ୍ଦରେ ପ୍ରେମ, ବାତ୍ସଲ୍ୟ
ସଂସାରର ଯେତେ ସବୁ ଅନାବନା ଆଲୋଚନା, କଳି ଆଉ ମନାନ୍ତର ।
କେଉଁଠି ଥିଲ ତୁମେ ?
ଦେଖି ତ ପାରିନି ତୁମକୁ ?
ନହେଲେ କ'ଣ ଘର ଭିତରକୁ ଡାକିନଥାନ୍ତି ?
ପାଣି ଗ୍ଲାସଟିଏ ସହ କପେ କଫି କି ଲସି ଗ୍ଲାସଟିଏ
ତ ଦେଇପାରିଥାନ୍ତି
ବାହାରେ ଚୁପ୍‌ଚାପ୍ ଛିଡାହେଲ ଆଉ ଚାଲିଗଲ ?

ଭିତରେ ଡ୍ରଇଂରୁମ୍‌ର ଟି.ଭି.ରେ କ'ଣ ସିରିଅଲ ଚାଲୁଥିଲା ବୋଧେ
ରୋଷେଇ ଘର ଭିତରେ ଖୁଡ୍ ଖାଡ୍ ଶବ୍ଦ ଆଉ ମାଛ ଭଜାର ବାସ୍ନା,
ପାଖଘରେ ଜମିଥିଲା ତାସ୍ ଖେଳର ଆସର,
ଠାକୁର ଘରେ ଅଖଣ୍ଡ ଦୀପ ଜଳୁଥିଲା,
ମହକୁଥିଲା ସାରା ଘର ଧୂପ ବାସ୍ନାରେ,
ଏତେ ସବୁ ଶବ୍ଦ ଆଉ ବାସ୍ନାକୁ ଟପି
ତମେ କେମିତି ଶୁଣିପାରିଲ ମୋ ଛାତି ଭିତରର ବିକଳ ଚିତ୍କାର ?
କେମିତି ବାରିପାରିଲ ମନ ପୋଡିଯିବାର ଗନ୍ଧ ?
ସତ କୁହ ! କେମିତି ଦେଖିଲ ମୋ କଲିଜା ଫାଟିଯିବାର ଦୃଶ୍ୟ ?
ଘର ଭିତରର ମଣିଷମାନେ ତ ଜାଣିପାରିନାହାନ୍ତି କିଛି,
ମୋ ଗଳା ଡେଇଁ ଶବ୍ଦ ବି ବାହାରି ନାହିଁ,
ରକ୍ତ ସବୁ ମୋ ଲୁଗା ଭିଜେଇ ତଳକୁ ବହି ଯାଇଥିଲା କି ?
କିଛି ତ ଚିହ୍ନବର୍ଣ୍ଣ ନାହିଁ,
କହୁଛ କ'ଣ ନା ତମେ ସବୁ ଦେଖିଛ, ସବୁ ଜାଣିଛ,

ତେବେ କୁହ, କାହିଁକି ଅଟକେଇଲ ନାହିଁ ଆତତାୟୀର ହାତ,
ଆଉଁସି ଦେଲ ନାହିଁ ମୋର ମଥା,
ଆଖି କୋଣରୁ ଆସି ସମୁଦ୍ର ପାଲଟୁଥିବା ଲୁହକୁ ପୋଛି ବି ଦେଲନାହିଁ,
କିଛି ତ କଲନାହିଁ ତମେ,
ଅଥଚ ସବୁ ଦେଖିଥିଲ ବୋଲି ଆଖି ଛୁଇଁ ନିୟମ କରୁଛ,
ତା'ହେଲେ ତମେ କିଏ ?
ତମେ କ'ଣ ଅସହାୟ ଈଶ୍ୱର ?

ସେ ଆସିବ

ମୁଁ ଏଇଠି ଘଣ୍ଟାଏ ହେଲା ବସିଛି ।
ସେଇ ଝରକା ପାଖ ଟେବୁଲରେ
ରାସ୍ତାକୁ ସେମିତି ଅନେଇ ରହିଛି ଆସିଲା ବେଳଠୁ,
କେତେବେଳେ ତୋ ସୁନ୍ଦର ହସ ହସ ମୁହଁଟି ଦିଶିଯିବ ।

କେମିତି ତୁ ପଶିଆସିଲୁ ମୋ ଦୁନିଆକୁ କହ ?

ତତେ ତ ଦୂରରୁ ସେଦିନ ଦେଖି ମନ ପୂରିଥିଲା ।
ପାନପତ୍ର ପରି ନିଖୁଣ ସୁନ୍ଦର ମୁହଁଟିରେ ଖିଲି ଖିଲି ହସ
ଅଲରା ଅସଜଡ଼ା ଘଞ୍ଚ କେଶ, ପ୍ରସାଧାନଶୂନ୍ୟ ଢ଼ଙ୍ଗ
ଲୋଟକୋଟ ଜାମା
କିନ୍ତୁ ଏତେ ତରୁଣୀଙ୍କ ଭିତରୁ ବାରିହୋଇ ପଡୁଥିଲୁ ତୁ ।
ଆଖି ଲାଖୁଥିଲା ଥିଲା ସପ୍ତରଙ୍ଗୀ ଚୁଡି ଭର୍ତ୍ତି ତୋ ଦି ହାତ ଉପରେ
ମୋ ଝିଅର ସ୍କୁଲ ସାଙ୍ଗ କହି ଆଳାପ ଜମେଇଲୁ ।
ତୋ ସାଙ୍ଗେ ବେଶି ଦେଖା ହୁଏନାହିଁ
ତଥାପି ଏତେ କମ ସମୟରେ ତୁ କେତେ କଥା କହୁ ?

ସେଦିନ ତୋ ହସକୁ କିଏ ପୋଛି ନେଇଥିଲା
ମୁହଁ ଶୁଖେଇ ଖରାଟାରେ ଛିଡା ହେଇଥିଲୁ
ସତେ ଅବା ଲୋଟିପଡ଼ିବାକୁ ଅପେକ୍ଷା କରିଥିଲୁ !
ମୋ ବେକରେ ହାତ ଗୁଡେଇ ତୁ ଶ୍ରାବଣ ହେଇଗଲୁ ।
ମୁଁ ଆଶଙ୍କାରେ ଜୁଡୁବୁଡୁ ହେଇ ଦେଖୁଥିଲି ତୋ ସପ୍ତରଙ୍ଗୀ ଚୁଡିକୁ
ଆଉ ଖୋଜୁଥିଲି ତୋ ଘଞ୍ଚ କେଶତଳେ ପ୍ରାୟ ଲୁଚିଥିବା
ନାଲି ଧାରଟିକୁ
ସବୁ ତ ଠିକ ଥିଲା
ମତେ ସବୁ କହିବୁ ବୋଲି କଥା ଦେଇଥିଲୁ
ଏଇଠିକୁ, ଏଇ ସମୟରେ ତୋର ଆସିବାର ଥିଲା ।

କେଉଁ କଷ୍ଟ, କଣ ଅକୁହା କଥା ସାଇତି ରଖିପାରେ ମନରେ
ତୋ ପରି ଚୁଲ୍‌ବୁଲି ଝିଅଟିଏ
ମୁହଁ ଯା'ର ମା' ଦୁର୍ଗାଙ୍କ ପରି ତେଜସ୍ୱିନୀ
ହସରେ ଯାହା ତାରା ଫୁଲ ଫୁଟିଯାଏ
ସେ ପୁଣି କେଉଁ ଦୁଃଖରେ କୁହୁଳୁଥାଏ ?

ଜାଣିନଥିବୁ ସେଦିନ ତୋର ସେ ଆଲିଙ୍ଗନ ବେଳେ
ତୁ ସଂକ୍ରମି ଗଲୁ ମୋ ହୃଦୟକୁ।
ନିରବରେ କହିଥିଲି
ଆକାଶର ତାରା ପାଖରେ ମନବ୍ୟଥା କହିନପାରିଲେ
କ'ଣ ହେଲା ?
ଏଇଠି ମୁଁ ତତେ ଅପେକ୍ଷା କରି ବସି ରହିଥିବି ଚିରକାଳ
ମୋର ଦୁଆର ଖୋଲା ରଖିଛି, କେତେବେଳେ ତୁ ପହଂଚି ଯିବୁ

କଫି ଥଣ୍ଡା ହେଉଥାଉ,
ସମୟ ତା' ବାଟରେ ଯାଉ
ବ୍ୟସ୍ତ ହେବୁନାହିଁ
ଅନନ୍ତ କାଳ ପର୍ଯ୍ୟନ୍ତ ମା'ର ଧୈର୍ଯ୍ୟ ସରେନାହିଁ

ତୋ ସାଙ୍ଗେ ଦେଖା ନହେଉ ପଛକେ
ଯଉଁଠି ବି ଥା ତୁ
ତୋର ମିଠା ମନଭୁଲା ହସ ଫେରିଆସୁ ତୋ ଓଠକୁ
ସପ୍ତରଙ୍ଗୀ ଚୁଡି ତୋର ସେମିତି ଚିକିଚିକି କରୁଥାଉ।
ମା' ଆକାଶର ତାରା ହେଲେ ବି
କେବେ ତୋର ଉଦାସ ପଣ ସାହିପାରେ ନାହିଁ।

୪୬ | ସଂଯୁକ୍ତା ନାୟକ

ପକ୍ଷୀକୁ ବିଦାୟ

ତତେ କେତେ କାଳ ହେଲା କହି ଚାଲିଛି
ତୁ ଏ ଡାଳ ଛାଡି ଚାଲି ଯା ।
ଆଉ ମୋ ସାଙ୍ଗେ ଭାବ ଯୋଡ଼ି ଲାଭ ନାହିଁ ।
ଦେଖୁନୁ କେମିତି ପତ୍ରଶୂନ୍ୟ ଦେହ ମୋର
ଅପେକ୍ଷା କରିଛି କେବଳ ବଳି ପଡିବାକୁ ।

କାଠୁରିଆ ଆସିବାକୁ ବେଶି ଡେରି ନାହିଁ
ଯା ପଳେଇ ଯା

ସାଇତିଥିବା ତୋର ସବୁ କାଠିକୁଟା ସାଉଁଟି ପକା
କାହାକୁ ବିଶ୍ୱାସ ଅଛି କହିଲୁ ?
କ୍ଷଣକରେ ତୋ କୁଟିକମକରା ବସା ଖସିପଡିବ
ଚାହିଁଲେ ବି ଅଣ୍ଟିରେ ଗଣ୍ଠି ପକେଇ ପାରିବୁ ନାହିଁ ।

କାହାକୁ ଗୁହାରୀ କରିବୁ ବୋଲି ଆଣ୍ଠୁ ବାନ୍ଧୁଛୁ ?
ଜାଣି ରଖ ଏଠି କେହି ତୋର ନୁହନ୍ତି
କାହାରି ଆଖି ନାହିଁ କାନ ନାହିଁ
କେବଳ ହାତ ଅଛି କୁରାଢ଼ୀ ଧରି ଚୋଟ ମାରିବାକୁ
ସେ ଚୋଟ ସହିବାକୁ ତୋର ଶକ୍ତି ନାହିଁ

ଆଉ ଅବାଧ ହୁଅନାରେ ସୁନା
ମୋ କଥା ମାନ
ନନ୍ଦନ ବନର ଭ୍ରମରେ ରହ ନାହିଁ
ଇଏ ଷଡ୍‌ଯନ୍ତ୍ରର ଜଉଘର

ଏଇ ଦେଖ, ତୋ ଅପେକ୍ଷାରେ ଅନନ୍ତ ଆକାଶ।
ପକ୍ଷ ବିସ୍ତାରି ଉଡି ଯା

କଉଁଠି ନା କଉଁଠି ତୋ ପାଇଁ ଅପେକ୍ଷା କରିଛି
ସବୁଜ ପୃଥିବୀରୁ ଚେନାଏ, ଫୁଲ ଫଳ ଭର୍ତ୍ତି ଡାଳଟିଏ
ସେଇ ଡାଳରେ ବାନ୍ଧିବୁ ତୋର ବସା
ସକାଳର କଅଁଳ ସୂର୍ଯ୍ୟ କିରଣରେ ଡେଣା ଝାଡ଼ି
ଗାଇବୁ ମନ ଫୁଲାଣିଆ ଗୀତଟିଏ।

ଯା, ଆଉ ଡେରି କରନା।

ଅପେକ୍ଷା କର

ତୁ ମତେ କେବଳ ତ୍ୟାଗର କଥା କହିଲୁ
ଭୋଗ ପାଇଁ କାଳେ ମୋର ଜନ୍ମ ନୁହେଁ।

ତୁ ମତେ ଶିଖେଇଲୁ ସବୁ ସୁଖ ବାଣ୍ଟି ଦେଇ ଶୂନ୍ୟ ହେଲେ
ନାରୀଟିଏ ପୂର୍ଣ୍ଣ ହୁଏ
ଖଣ୍ଡ ଖଣ୍ଡ କରି କେହି କାଟିନେଲେ ବି
ଚନ୍ଦନ ପରି ମହ ମହ ନ ବାସିଲେ ନାରୀଧର୍ମ ନଷ୍ଟ ହୁଏ।

ଶରୀର ମନ ହୃଦୟ ସବୁକିଛି ଢାଳି ଦେଇ
ସାରିଲା ପରେ ବି ମାଣକ ପୂରେ ନାହିଁ ଏ ଜନ୍ମରେ।
କେତେ ସହସ୍ର ଯୁଗାବଧି ଏମିତି ତପସ୍ୟା ପରେ
ଛାର ନାରୀ ଜନ୍ମରୁ ମୁକ୍ତି ମିଳେ।

ଏବେ ସବୁ ଆଣ୍ଠୁ ଭାଙ୍ଗି ଭୂଇଁରେ ଲୋଟୁଥିବା ବେଳେ
ତୋ ଆଖିରେ ଲୁହ କାହିଁକି ?

ସବୁ ତ ବାଜିରେ ଲଗେଇ ଦେଲି
ତଥାପି ଯଦି କିଛି ଅପୂରା ରହିଲା ତ ରହୁ
ଏ ଜନ୍ମରୁ ମୁକ୍ତି ନ ମିଳୁ ପଛେ।
ଚନ୍ଦନ ପରି ବାସିବାକୁ ମୁଁ ବି ଚାହିଁଥିଲି
ମାତ୍ର କେହି ପଦାଘାତ କଲେ
ଅଟକେଇବାର ସାମର୍ଥ୍ୟ ଆଉ ସାହସ ବାନ୍ଧିବାକୁ
ତୁ ଶିଖେଇଲୁ ନାହିଁ।

ମୋ ଆଡକୁ ବଢ଼େଇଥିବା ହାତ ଫେରାଇ ନେ
ଆଶାବାଡ଼ିରେ ଆଉ ପ୍ରୟୋଜନ ନାହିଁ।
ମୋ ପାଇଁ ତୋର ଲୁହଧାରକୁ ଗାଲ ଓଠ ପର୍ଯ୍ୟନ୍ତ ଆସିବାକୁ ଦେ ନାହିଁ।
ଦେହ ଓ ଆତ୍ମାରେ ମୋର ଅୟୁତ ଯୁଗର ତାତି
ମଳୟର ମୃଦୁ ପରଶ ମୋର ଲୋଡ଼ା ନାହିଁ
ତୁ ଦେଖିବୁ,
ଝାଂଜି ଖରାର ନିର୍ମମ ଦହନ ଓ
ସହସ୍ର କୁଠାରାଘାତ ପରେ ବି
ଦିନେ ମୁଁ ପୁଣି କଅଁଳିବି
ମୋ ଶାଖା ପ୍ରଶାଖାରେ ପୁଣି ଚଢ଼େଇମାନେ ଗୀତ ଗାଇବେ।
ତୁ ଖାଲି ସେ ଦିନର ସୂର୍ଯ୍ୟୋଦୟକୁ ଅପେକ୍ଷା କର।

୬୨ | ସଂଯୁକ୍ତା ନାୟକ

ଅଭିମାନ

ଆଉ କାହିଁକି ଅପେକ୍ଷା କରିଛ କୁହ ଭଲା !
ଚାଲିଯିବ ବୋଲି କହିଲ ପରା ?

କିଛି କହିବ ?
ନା, ମୁଁ ଜାଣେ ଆଉ କିଛି ବାକୀ ନଥିବ ।

ତମେ ଶବ୍ଦଟିଏ ବି କହିନାହଁ, ଥରେ ମୁହଁ ଟେକି ଚାହିଁନାହଁ ବି
ତଥାପି କେମିତି ଭାଙ୍ଗିରୁଜି ଗଲା ଆମ ସଂସାର
ଉଜୁଡ଼ି ଗଲା ଆମର ଘରକରଣା ?
ବଜ୍ରପାତରେ ଜଳିଗଲା ପରି କ୍ଷଣକରେ ପୋଡ଼ିଗଲା ହୃଦୟ ।

ମୁଁ ଜାଣେ, ତୁମେ ଜବାବ ଦେବନାହିଁ ।
ଅଲୋଡ଼ା ଅଖୋଜା ମଣିଷ ପାଇଁ ତମେ ଚିନ୍ତା କରିବ
ସେ ଆଶା ମୁଁ ରଖିନାହିଁ
କେବଳ ଗୋଟିଏ ପ୍ରଶ୍ନର ଉତ୍ତର ଦେଇଯାଅ
କ'ଣ ସତ କ'ଣ ମିଛ ତୁମେ କୁହ
ତୁମ ପାଇଁ ସମାଜ ଶାସ୍ତ୍ର, ମନ୍ତ୍ରପାଠ, ଲୋକାଚାର ସବୁ ମିଛ
ଏତେ ଦିନର ସଂସାର, ମୋର ଲୁହ, ଝାଳ, ସଂଘର୍ଷ

ଏସବୁ ମିଛ ? ତା'ର ଆଜି କିଛି ମୂଲ୍ୟ ନାହିଁ !
ସେଥିରେ ପ୍ରେମ ନାହିଁ, ଆନ୍ତରିକତା ନାହିଁ,

ସତ ତେବେ କ'ଣ ? କ'ଣ ତାର ସ୍ୱରୂପ ?
ପାଇସାରିଛ ଯଦି ସେଇଠି ଅଟକି ଯାଅ,
ଚିନ୍ତା କରନା, ମୁଁ ତମକୁ ଖୋଜିବାକୁ ଯିବିନି

କ'ଣ ଭାବୁଛ ?
ମୋ ଆଖିରୁ ଲୁହଗଡ଼ିଲା କି ?
ନା'ଲୁହ ନୁହେଁ।
ମୁଁ ତମ ପଥ ରୋକିବାକୁ ଚାହେଁନା।
ଅବାଂଛିତର ଜୀବନ କାହାର ଅବା ପସନ୍ଦ ହୁଏ ଯେ !

ତମକୁ ଲୋଡ଼ିବା ମୋର କେବେଠୁଁ ଶେଷ ହେଇସାରିଛି।
ତଥାପି ସନ୍ଦେହ ?
ଥରେ ଚିନ୍ତାକରି କୁହ ତ
ଶବ କ'ଣ କାହାକୁ କେବେ ଇଚ୍ଛିପାରେ ?

ସ୍ତ୍ରୀର ଅଧିକାର

ସବୁ ଦିନ ପରି
ସେଦିନ ବି ମାଆ ଗାଧୁଆ, ଠାକୁର ପୂଜା ସାରି
ଦି'ବଖୁରିଆ ଘର ଭିତରେ ଏପଟ ସେପଟ ହେଉଥାଏ
ଆମର ଆଜି ସ୍କୁଲ ଯିବା ବନ୍ଦ
ମାଆର ତାଗିଦା, ଦାନ୍ତ ଘଷି ଚିକ୍‌ଚିକ୍ କରିବାକୁ ହେବ
ଗାଧେଇ ସାରି ସଫା ଜାମା ପିନ୍ଧି ପ୍ରସ୍ତୁତ ରହିବ ।

ମାର ନଜର ପହଁରୁ ଥାଏ ଗଳିର ଶେଷ ମୁଣ୍ଡ ଯାଏ
ଧଳା ଜାମା ପିନ୍ଧା ମଣିଷ ଦେଖିଲେ ଆଖି ତା'ର
ଚକ୍ ଚକ୍ କରେ ।

ସେ କେବେ ନିରାଶ କରନ୍ତି ନାହିଁ
ଦି'ପହର ଗଡିବା ଆଗରୁ ଆସି ବାରଣ୍ଡାରେ ଚପଲ ଖୋଲନ୍ତି
ତାଙ୍କ ପାଇଁ ସଜା ହେଇଥିବା ବିଛଣାରେ ବସନ୍ତି ।
ପଦଟିଏ କଥା କହନ୍ତି ନାହିଁ, ଆମ ଆଡ଼େ ଥରେ ଚାହାନ୍ତି ବି ନାହିଁ ।

ଛକ ଦୋକାନୀ ଭଜ ଭାଇର ହାତଭଙ୍ଗା ପାନ ଖଣ୍ଡେ ଖାଆନ୍ତି
ଆଉ ତିନିଖଣ୍ଡ ପକେଟରେ ପୁରାଇ ନେଇଯାଆନ୍ତି

ଭଜ ଭାଇ ପାନର ବାସ୍ନା କାଳେ ଆଉ କଉଁଠି ମିଳେନା।
ମାଆ ସେତିକିରେ ଧନ୍ୟ ହେଇଯାଏ।

ଆମେ ପାଞ୍ଚଜଣ ମା'କୁ ପଦ୍ମ ପାଖୁଡ଼ା ପରି ଘେରି ରହିଥାଉ
ସେ ଆମ ଘରେ ଥିବାଯାଏ
ମାଆର ଆଖିରୁ ଲୁହ ଗଡ଼ିବା ବନ୍ଦ ହୁଏ ନାହିଁ

ତମେ କାହିଁକି ଏତେ କାନ୍ଦୁଥାଅ ମା'

ସେ ଖଟରୁ ତଳକୁ ଓହ୍ଲାନ୍ତି
ଆଉ ଘଡିଏ ଅଟକିବାକୁ ମାଆ ଅନୁନୟ କରୁଥାଏ
ସେ ଶୁଣିପାରନ୍ତି ନାହିଁ
ତା' ଆଖିର ଲୁହ ତାଙ୍କୁ ଦିଶେ ନାହିଁ।
ନୋଟ କେଇଖଣ୍ଡ ବଢ଼ାଇଲାବେଳେ ମାଆ ନେଇ ମୁଣ୍ଡରେ ଲଗାଏ।
ସେ ଚାଲିଯାଆନ୍ତି ପାଦରେ ଚପଲ ଗଳେଇ, ଏକମୁହାଁ ହେଇ।

ଗଳିମୁଣ୍ଡ ପାର ହେଇଯାନ୍ତି
ଥରେ ହେଲେ ପଛକୁ ଦେଖନ୍ତି ନାହିଁ
ଛ'ହଳ ଆଖି ତାଙ୍କୁ ଚାହିଁରହିଥାଏ।
ମୁଁ ଯଦି କହେ, ମା', ତମେ ଏତେ କଷ୍ଟ ପାଅ ନାହିଁ
ଏମିତି କାନ୍ଦିଲେ ମୁଁ ତାଙ୍କୁ ଆସିବାକୁ ଦେବି ନାହିଁ।

ମା' ତା' ପାପୁଲିରେ ପାଟି ମୋର ବନ୍ଦ କରିଦିଏ ।
ସେମିତି କହନାହିଁ ଧନ
ସେ ସମୟ ବାହାର କରି ଆମ ପାଖକୁ ଆସନ୍ତି,
ମାସରେ ଥରେ ହେଉ ପଛେ
ତାଙ୍କୁ ଦୁଇ ଆଖିରେ ଦେଖି ତ ପାରୁଛି
ମୋ ହାତରେ ଦି'ବାହି ସଧବାର ଚୁଡି ଅଛି
ମଥାରେ ମୋର ସିନ୍ଦୂର ଝଟକୁଛି

ସେ ଯଦି ମତେ ପଛ କରିଦେଲେ,
କେଉଁ ପ୍ରିୟ ନାରୀ ସଙ୍ଗେ ସଂସାର ବାନ୍ଧିଲେ
ମୋର ଲୋଡିବା କ'ଣ ଊଣା କରିଦେବି ?

ପାଖରେ ନଥାନ୍ତୁ ପଛେ
କଉଁଠି ହେଲେ ସିଏ ସୁଖରେ ରୁହନ୍ତୁ
ମୋ ପାଖରେ ମୋ ପଞ୍ଚୁ ପାଣ୍ଡବ ଅଛନ୍ତି
ସେତିକିରେ ଏକା ମୋର ଅଧିକାର
ଜଣେ ସ୍ତ୍ରୀ ପାଇଁ ଏହାଠୁ ବେଶି କ'ଣ ଦରକାର ?

ସେ ଦିନ ଫେରିବ ନାହିଁ

ତୋର ଏକା ଜିଦ୍, ଏଥର ଗଲେ ଯେମିତି ହେଲେ
ତୋ ଘରେ ରହିବି ।
ଆମେ ସାଙ୍ଗ ହେଇ ଖାଲି ଗପିବା
ସବୁ ଭୁଲିଯାଇ ଫେରିଯିବା ସେଇ ଦିନମାନଙ୍କୁ
ଯେଉଁଦିନ ତୁ, ମୁଁ ଆଉ ଆମ ସାଙ୍ଗମାନେ ସମସ୍ତେ ଗୋଟିଏ ଭାଗ୍ୟ ଭୋଗୁଥିଲେ ।

ତୋର ସବୁ ଅଭିଯୋଗ ସତ ।

ମୁଁ ଯେତେଥର ଯାଏ ସବୁବେଳେ ହୋଟେଲରେ ରହେ
ଅବେଳରେ ତତେ ଫୋନ୍ କରେ,
ତୋର ମୋର ଭେଟ ହୁଏନା
ସୁଯୋଗ ମିଳେନା ତୋ ଘରେ ରହିବାକୁ, ମନଭରି ଗପିବାକୁ,
ଗପରେ ଗପରେ ଚାଳିଶ ବର୍ଷ ପଛକୁ ଫେରିବାକୁ ।

ସେ ସହର ତୋର, ସେଠି ଅଭିଜାତ ଇଲାକାରେ ତୋ ସ୍ୱାମୀର
ସରକାରୀ ଘର ।
ତୋ ଗେଟ୍ ପାଖରେ ମୁଁ ପହଞ୍ଚିଲା ବେଳକୁ
ତୁ ତରତର ଥିଲୁ

ହୋଟେଲ ଓବରୟ ଗ୍ରାଣ୍ଡରେ
ମିସେସ୍ ଗାଙ୍ଗୁଲୀଙ୍କ ଜନ୍ମଦିନ ପାର୍ଟି
ମତେ କ୍ଷମା ପ୍ରାର୍ଥନା କରି ବାହାରି ଗଲୁ ।

ହେଲେ ମୋ ପାଇଁ ସବୁ ବ୍ୟବସ୍ଥା ଥିଲା ଗେଷ୍ଟ ରୁମ୍‌ରେ
ଫୋନ୍‌ରେ କହିଥିଲୁ ତୋର ଫେରିବାକୁ ଡେରି ହବ,
ମୁଁ ଯେମିତି ଠିକ୍ ସମୟରେ ଲଞ୍ଚ ଖାଇନିଏ ।

ଟେବୁଲ୍ ଉପରେ ମୋ ମନ ପସନ୍ଦର ସବୁ ଖାଦ୍ୟ
ପୋଇ ଚିଙ୍ଗୁଡ଼ିର ଘାଣ୍ଟ, ଇଲିଶି ମାଛ ଭଜା,
ମିଠାଦହିଠୁ ନେଇ ସପୁରି ଖଟା ପର୍ଯ୍ୟନ୍ତ
ସବୁ ସଜା ହେଇ ରହିଥିଲା ।

ଏତେ କଥା ମନେ ରଖିଲୁ
ମାତ୍ର ଭୁଲିଗଲୁ ହଷ୍ଟେଲର ସେଇ ଦିନମାନଙ୍କୁ ।
ମୁଁ ଏକୁଟିଆ ଖାଇବାକୁ ଭଲ ପାଏନା ବୋଲି
ତୁ ସବୁ କାମ ଛାଡି ମୋ ପାଖରେ ବସିଥାଉ,
ବଡ ବଡ ଗୁଣ୍ଡା କରି ଭାତ ଡାଲି ମୋ ପାଟିରେ ଗିଳାଉ ।

ତୋ ସାନପୁଅଠୁ ଶୁଣିଲି ତୋ ଶାଶୂ ଶ୍ୱଶୁର ଆସି ସନ୍ଧ୍ୟାରେ ପହଞ୍ଚିବେ ।

ତୁ ଫେରିଲୁ, କିନ୍ତୁ ତୋ ପାଦ ଥୟ ଧରୁ ନଥିଲା ।
ଏବେ ସବୁ କିଛି ସଜାଡ଼ିବାକୁ ହେବ
ଶ୍ୱଶୁରଙ୍କ ରୁମ୍‌ର ପରଦା ବଦଳିବ, ସବୁ ଲାଇଟ୍, ଏସି
ବାଥରୁମ୍ ଗିଜର୍ ଚେକ୍ କରାଯିବ
ଶ୍ୱଶୁର ପିଇବେ ଜସ୍ମିନ୍ ଟି', ଶାଶୂଙ୍କ ଲୋଡ଼ା ଡାଭିଡଫ କଫି
ମସାଜବାଲାକୁ ଫୋନ୍ କରିବାକୁ ହେବ ।

ମୁଁ ତୋଠୁ ବିଦାୟ ଚହିଁଲି
ତୁ ମୋ ବେକରେ ଦି'ହାତ ଗୁଡେଇ କାନ୍ଦି ପକେଇଲୁ
ପୁଣି ଆସିବି, ସେଥର କିନ୍ତୁ ତୋ ଘରେ ରହିବି
ପ୍ରତିଶ୍ରୁତି ଦେବା ନେବା ପରେ
ତୋଠୁ ନିଜକୁ ଛଡ଼େଇ ଗାଡିରେ ବସିଲି ।

ପଛରେ ତୁ ହାତ ହଲାଉଥିଲୁ,
ମୁଁ ହୋଟେଲକୁ ଫୋନ୍ କରୁଥିଲି ରୁମ୍ ପାଇଁ ।

ସବୁ ଭୁଲିଯିବା ଯାଏ

ତୁ କଣ କହିବାକୁ ଚାହୁ ମୁଁ ଜାଣେ ।
ମତେ ଉପ୍ରୋଧରେ ମନା କରିପାରୁନାହୁଁ
ମୋର ଉତ୍ତୀର୍ଣ୍ଣ ବୟସରେ ଏ ଆଚରଣ
ତତେ ଚକିତ କରିବା କଥା,
ତୁ ମୁହଁ ଖୋଲି କିଛି କହୁନାହୁଁ ।

ମୁଁ ଏତେଥର କାହିଁକି ଏଠିକୁ ଆସେ
ଏଇ କଥା ପଚାରିବାକୁ ଚାହୁଁ ?

ତତେ କଣ ଅଛପା ଅଛି କହିଲୁ ?
ତୋ'ଠୁ କିଏ ବେଶି ଜାଣେ ମୋର ଭିତର ବାହାର ?
କେମିତି ମୁଁ ମୀନ ପରି ଛଟପଟ ହେଉଥାଏ
ଅଥଳ ଜଳରେ ଥାଇ ବି ପାଣି ଟୋପେ ପାଇଁ
ଡହଳ ବିକଳ ହୁଏ ।

ମୁଁ ଏବେ କାଳେ ସବୁ ଭୁଲିଯାଉଛି
ଖାଇବା ସମୟ, ଚାବି, ଚଷମା, ମୋବାଇଲ ଫୋନ୍,
ଏମିତିକି ଡାକରେ ଆସିଥିବା ଚିଠି,
ଚିହ୍ନା ମଣିଷଙ୍କ ନାଆଁ
କିଛି କଥା ମନେରଖି ପାରୁନାହିଁ।

ସେଦିନ ତ ନିଜକୁ ଖୁବ୍ ଧିକ୍କାରିଲି।
କୋଡିଏ ବରଷ ଧରି ଘୋଷିଥିବା ଜେଜେଶ୍ୱଶୁରଙ୍କ ନାଆଁ
ଶ୍ରାଦ୍ଧ ବେଳେ ଭୁଲିଗଲି।
କେତେ ବଡ ପାପ ହେଲା କହ !
ପୂର୍ବପୁରୁଷ କୋପ କଲେ ସବୁ ପୁଣ୍ୟ ନାଶ ଯାଏ ପରା !

ଏବେ ମୋର ଭୟ, କାଳେ କେଉଁଦିନ ତାକୁ ଭୁଲିଯିବି।

ଯିଏ ଦିନେ ପାଚିଲା କୋଳିଟିଏ କି ବିରିଛୁଇଁ ମୁଠାଏ ପାଇଲେ
ମୋ ପାଇଁ ସାଇତି ରଖୁଥିଲା।
ପର ବାଡ଼ିରୁ କଷି କାକୁଡି ମୋ ପାଇଁ ଚୋରି କରୁଥିଲା।
ଚୁଲୀରେ ବସେଇଥିବା କ୍ଷୀର ହାଣ୍ଡିରୁ ସର ସବୁ ମୋ ପାଇଁ ଛାଣି ଆଣୁଥିଲା।
ବଦଳରେ ବୋଉ ଭାଉଜଙ୍କ ଗାଳିକୁ ତାର ଖାତିର ନଥିଲା।

ସେଦିନ ମୋଅରି ପାଇଁ ରଘୁଭାଇକୁ ସେ ଲେଖିଥିବା

ତିନି ଧାଡିର ଚିଠିଟି ଧରାପଡ଼ିଗଲା,
ତାକୁ ଭୁଲ ମାଗିବାକୁ ଗଲାବେଳେ
ସେ ଦୂର ଗାଁର ବୋହୂ ହେଇସାରିଥିଲା
ଜାଣିପାରିଲି ନାହିଁ ସେ ମତେ କ୍ଷମା କଲା କି ଅଭିଶାପ ଦେଲା ।

ତା ସାଙ୍ଗେ ଶେଷ ଦେଖା କେବେ ଥିଲା ଜାଣୁ ?

ସେଇଦିନ, ସେ ଚିଠିପାଇଁ ବାପା ଭାଇଙ୍କ ଗୋଇଠା ମାଡରେ
ଯେବେ ସେ ଆକ୍ତାମାକ୍ତା ହେଇ ଭୂଇଁରେ ଲୋଟୁଥିଲା ।

ସେଦିନ ସେ ଅସହାୟ ଥିଲା
ମୁଁ ବି ଭୟ ପାଇ ଚୁପ୍ ରହିଗଲି ।

ଆଜି ସେ ଦେବୀ ହେଇ ସ୍ୱର୍ଗରେ
ମୁଁ ଆଜି ବି ନିରୁପାୟ

ତାକୁ କ୍ଷମା ମାଗିବାର ବାଟ ମତେ ଜଣାନାହିଁ
ତା ସମାଧିକୁ ଲୁହରେ ଧୋଇବାକୁ ସାରା ଶ୍ରାବଣ ନିଅଣ୍ଟ
ସେଇଥିପାଇଁ ଏଠିକୁ ବାରମ୍ବାର ଆସେ
ଅପରାଧୀପଣ ନେଇ ଏ ମାଟିକୁ ଛୁଏଁ
ଏମିତି ଆସୁଥିବି, ଲୁହ ଢାଳୁଥିବି
ସବୁ କିଛି ଭୁଲିଯିବା ଯାଏ ।

ସହଯାତ୍ରୀ

ସାତଦିନ ସାତରାତି ରୋଗୀ ପାଖରେ ଅନିଦ୍ରା ରହିବା ପରେ
ଦେହରେ ତା'ର ଆଉ ଶକ୍ତି ନଥିଲା ।
ଭାବିଥିଲା ଆଜି ରାତିରେ କିଛି ସମୟ ଶୋଇବ ।
ସେଥିପାଇଁ ସେ ପ୍ରସ୍ତାବ ଦେଇଥିଲା
ସକାଳୁ ପୁରୀ ଯିବା ପାଇଁ ।

ସେମାନେ କିନ୍ତୁ ରାଜି ହେଲେ ନାହିଁ ।
ସନ୍ଧ୍ୟାବେଳେ ଯାଇ ଭୁବନେଶ୍ୱରରୁ ବାହାରିଲେ ପୁରୀ
ବୁଲାବୁଲି ସାରି ଖାଇପିଇ ହୋଟେଲରେ ପହଞ୍ଚିଲା ବେଳକୁ
ଘଣ୍ଟାରେ ରାତି ଏଗାରଟା ।

ସେ କହିଲା, ଆଜି ଡେରି ହେଲାଣି,
କାଲି ସକାଳେ ସମୁଦ୍ର ପାଖକୁ ଯିବା ।
କେହି ତା କଥାକୁ କାନ ଦେଲେ ନାହିଁ ।
ସେମାନେ କେହି ହାଲିଆ ହେଇ ନଥିଲେ,
ତାକୁ ଛାଡି ଅନ୍ୟମାନେ ସମସ୍ତେ ସତେଜ ଥିଲେ ।

ଜଣେ କହିଲେ ତୁମକୁ ଯଦି ଭଲ ନ ଲାଗୁଚି,

ଲହଡି ପାଖକୁ ଗଲେ ବେଶି ଶୀତ ଲାଗିବ।
ଗାଡିରେ ବସିଥାଅ,
ଆମେ ସାଙ୍ଗେ ସାଙ୍ଗେ ଆସିବୁ।

ଏକଥା କହିବା ଲୋକର ମୁହଁକୁ ସେ ଚାହିଁଲା।
ବାହାରକୁ ବଢ଼ାଉଥିବା ପାଦ ଗାଡି ଭିତରକୁ ଫେରାଇନେଲା।

ସହଯାତ୍ରୀ ମାନେ ତାକୁ ଛାଡି ଚାଲିଗଲେ
ସେ ପଛରେ ରହିଗଲା ରାସ୍ତା ଉପରେ, ଗାଡି ଭିତରେ
କେହି ଥରେ ପଛକୁ ଫେରି ଚାହିଁଲେ ନାହିଁ।

ଟ୍ରାଫିକ୍ ପୋଲିସ୍ ଆସି ଗାଡ଼ି ରଖିବାକୁ ମନା କଲା।
ସେ ଓହ୍ଲାଇପଡ଼ିଲା
ଭାବିଲା, କାଳେ ସେମାନେ ଜାଣି ନପାରିବେ।
ଗାଡ଼ି ନେଇ ଡ୍ରାଇଭର ହୋଟେଲକୁ ଚାଲିଗଲା,
ଶାଲ ଆଉ ମୋବାଇଲ ଫୋନ ଗାଡିରେ ରହିଗଲା।

ତା ଦେହରେ ଜର ଥିଲା,
ଶୀତରେ ଦାନ୍ତ ଠକ ଠକ କରୁଥିଲା,
କିନ୍ତୁ ସେମାନଙ୍କ ପାଖକୁ ସେ ଗଲା ନାହିଁ।
ଅଭିମାନରେ କି ଆକ୍ରୋଶରେ କି ଈର୍ଷାରେ ଜଣାନାହିଁ।

ଏଣେତେଣେ ଚାହିଁ ସେ ବେଳାଭୂଇଁର ସିମେଣ୍ଟ ବେଞ୍ଚରେ ବସିଲା
ଆଉ ବିକଳ ହେଇ ସମୁଦ୍ର ଆଡେ ଚାହିଁଲା ।
ଏବେ କେବଳ ଆପେକ୍ଷା ସେମାନଙ୍କ ଫେରିବାକୁ,
କିନ୍ତୁ କେହି ଫେରିବାର ଆଭାସ ଦିଶୁ ନଥିଲା ।

ସେମାନଙ୍କ ଗପ ଆଉ ହସରୁ କିଛି କିଛି ଟୁକୁଡା
ଦକ୍ଷିଣା ପବନ ଆଣି ତା କାନ ପାଖେ ପହଞ୍ଚାଉଥିଲା ।

ଏବେ ରାସ୍ତା ଶୁନ୍‌ଶାନ୍ ହେଲାଣି ।
ସେମାନେ ଫେରୁଛନ୍ତି କି ? ପାଦଶବ୍ଦ ଶୁଭୁଛି ।
ପିଠିରେ ହାତ ଥାପୁଡାଇ କେହି କହିଲା, ଯିବା ?
ଚାଲ, କହି ସେ ଉଠି ଛିଡା ହେଲା ।
ଅଚିହ୍ନା ଦୁଇ ଆଖିର ରଙ୍ଗ ନିଆଁ ତାକୁ ଅବା ଗିଳି ଯାଉଥିଲା ।

ସେ ଗୋଟାପଣେ ଥରୁଥିଲା

ଲୋକଟା କହିଲା, ଯିବା ପରା, ଡେରି କାହିଁକି କରୁଛ ?
ଟଙ୍କା ଅଛି ମୋ ପାଖରେ,
ଦେଖୁନ ? କେତେ ନବ କୁହ ?

ତାକୁ ଏବେ ସତେ ଚଉଦ ବ୍ରହ୍ମାଣ୍ଡ ଦିଶିଗଲା !

ସେ ପ୍ରାଣମୂର୍ଚ୍ଛା ଦୌଡ଼ିଲା ସମୁଦ୍ର ପାଖକୁ ।

ପାଦରୁ ତା'ର ଚପଲ ଖସି ଯାଇଥିଲା ମଝିରେ,
ଲାଗୁଥିଲା ସେଇ ଲୋକଟା ତା ପଛରେ ଗୋଡଉଛି ।

ସହଯାତ୍ରୀମାନେ ଏବେ ବି ଗପରେ ବ୍ୟସ୍ତ ଥିଲେ,
କାହାକୁ କିଛି ଫରକ ପଡୁନଥିଲା ।

ଜଣେ ପଚାରିଲେ, ସେ ଲୋକଟି କିଏ ?
କଣ କହୁଥିଲା ତୁମକୁ ?

ତାର ଇଚ୍ଛା ହେଉଥିଲା ଛାତି ଫଟେଇ ଚିତ୍କାର କରନ୍ତା ।

ଧଇଁସଇଁ ହେଉ ହେଉ କହିଲା- ସେ ଚିହ୍ନା ଲୋକଟିଏ ।
ମୁଁ ହୋଟେଲକୁ ଯିବି, ମତେ ରୁମ୍ ଚାବି ଦିଅ ।

ତା ହାତକୁ ଜଣେ ଚାବି ବଢ଼େଇ ଦେଲେ ଓ କହିଲେ,
ଯିବ ଯଦି ଯାଅ, ଆମେ ତମ ପଛରେ ଯାଉଛୁ ।

ଏଇ ଅଳ୍ପ ସମୟ ପୂର୍ବରୁ ସେ ଭେଟିଥିବା ଅଚିହ୍ନା ମଣିଷ
ଆଉ ଏବେ ଚାବି ବଢ଼ାଉଥିବା ତାର ସହଯାତ୍ରୀ
ତାକୁ ଏକା ପରି ଦିଶୁଥିଲେ ।

ମାଆଙ୍କର ଦୁଇ ରୂପ

ମାଆ ଜଗଦ୍ଧାତ୍ରୀ ଝଲସୁଥିଲେ ମେଢ଼ ଉପରେ
ସୁନା ରୂପା ଆଉ ରତ୍ନ ଅଳଙ୍କାରରେ ବିଭୂଷିତା ମାଆ,
କୃପା ଦୃଷ୍ଟିରେ ଚାହିଁଥିଲେ ଅମୃତ ସନ୍ତାନଙ୍କୁ
ଥରଟିଏ ଆଖି ପୂରେଇ ଦେଖି ନିଅ,
ବଞ୍ଚିଥିଲେ ପୁଣି ବରଷେ।

ପାଞ୍ଚ ବର୍ଷର ନାତୁଣୀ ମୋ ଶାଢ଼ୀକୁ ଭିଡୁଥିଲା।
ତା'ର ଅଭିଯୋଗ,
ଶୀଘ୍ର ନଗଲେ ଦୋଳି ଖୋଲିନେବେ
ଘୋଡା ହାତୀମାନେ ବୁଲି ବୁଲି କାଳେ ହାଲିଆ ହେଇଯିବେ।
ଖେଳନା ଦୋକାନୀ ସବୁ ବିକିଦେଇ ଘରକୁ ପଳେଇଯିବ।

ଏବେ ସେ ଖୁସିରେ ନାଚି ନାଚି ଚାଲୁଥିଲା
ଢେର୍ ଖେଳନା କିଣା ହେଇଛି,
ଟ୍ରେନ୍, ଘୋଡ଼ା, ରାମଦୋଳି ସବୁ ଖେଳ ହେଲା

ଆଉ କଣ ବାକି ରହିଗଲା ?
ଡେରି ହେଇଯିବ, ଚାଲ ଯିବା,
ପଡ଼ିଶା ଘରେ କୁମାରୀ ପୂଜା ।

କେଉଁଠି ଏ ବାଜା ବାଜୁଛି ?

ପୁଣି କିଏ ପଛରୁ ଟାଣିଲା ମୋ କାନି ?
କୁନି ଝିଅଟିଏ, ମୋ ନାତୁଣୀ ବୟସର
ତେଲମଖା ମୁଣ୍ଡରେ ଲାଲ ରିବନ ବନ୍ଧା
ବଡ ବଡ ଆଖି ଦିଇଟିରେ ଅନୁନୟର ମୁଦ୍ରା,
ବ୍ୟାଗ୍ ଆଡ଼େ ବିଜଳରେ ଚାହୁଁଥିଲା,
ଇସାରାରେ ଖେଳନାଟିଏ ମାଗୁଥିଲା ।
ନାତୁଣୀକୁ ଲୁଚେଇ ବ୍ୟାଗ୍ ଭର୍ତ୍ତି ଖେଳନାରୁ ବଢ଼େଇଦେଲି
ପ୍ଲାଷ୍ଟିକର ଗୋଲାପି ରାଜକୁମାରୀ କଣ୍ଢେଇଟିଏ
ଏବେ ତା ଓଠରୁ ଦିଗ୍‌ବିଜୟର ହସ ଝରିପଡ଼ିଲା ।

ଆସ ଆସ, କୋଡ଼ିଏ ହାତ ବାଉଁଶ ଉପରେ
ଦେଖ ତିନି ବର୍ଷ ଝିଅର ଅଦ୍ଭୁତ ଖେଳ ।

ଏପଟେ ମାଆ ଦଶଭୁଜାଙ୍କର ଆରତୀ ବେଳ
ସେପଟେ ବାଜାର ଶବ୍ଦ ତୀବ୍ରତର ।

କଳା ହାତଟିଏ ଲମ୍ବିଆସି ତାକୁ ଭିଡ଼ିନେଲା
କଣ୍ଢେଇଟି ଛାତିରେ ଜାକି ବିକଳ ମୁହଁରେ
ସେ ପଛକୁ ବୁଲି ଚାହୁଁଥିଲା ।

ଏବେ ବାଉଁଶ ଉପରେ ଝୁଲୁଛି ସେ ।
ଭୂଇଁ ଉପରେ ମୁହଁ ମାଡ଼ି ପଡ଼ିଛି ରାଜକୁମାରୀ
ଉପରୁ ତାକୁ ଚାହିଁ ରହିଛି ତାର ମାଲିକାଣୀ

ଆଜି ଅଷ୍ଟମୀ ନା ?
ସେପଟେ ମାଆ ସିଂହ ବାହିନୀଙ୍କର ପୂଜା
ଶକ୍ତି ରୂପରେ, ରତ୍ନଖଚିତ ମେଢ଼ରେ ।
ଏଠି କୋଡ଼ିଏ ହାତ ଉଚ୍ଚ ବାଉଁଶ ଉପରେ
ମାଆ ବିଜେ କରିଛନ୍ତି କିଶୋରୀ ରୂପରେ
ଯେଉଁ ରୂପ ଦର୍ଶନ ପାଇଁ
ଭକ୍ତ ଆଜୀବନ ତପ କରେ ।
ସେପଟେ ଘଣ୍ଟ, ଘଣ୍ଟା, ମାର୍ଦ୍ଦଳ ନାଦରେ କମ୍ପୁଥିଲା ପୂଜା ମଣ୍ଡପ
ଏପଟେ ପେଟର ଭୋକ ପାଇଁ ଚକ୍ରରେ ଘୂରୁଥିଲେ ମାଆ ।

ଏବେ ଫେରିବାକୁ ହେବ ।
କୁମାରୀ ପୂଜା ପାଇଁ ଘରେ ଅପେକ୍ଷା କରିଥିବେ ।

ତୁମେ ନଦୀ ନୁହେଁ ଦେବୀ

ଏଇ ମୁଁ ଆସିଛି ଦେଖ।
ତୁମ ସାମ୍ନାରେ ଦୁଇ ହାତ ମେଲାଇ ଛିଡା ହେଇଛି।
ଆଜି ଆଉ କିଛି କାମ ବାକି ନାହିଁ
ସବୁ ଜଂଜାଳ ତୁଟେଇ ସାରିଛି,
ତମେ ଡାକିଛ ପରା।

କେବଳ ମୋ ପାଇଁ ତୁମେ ଘଡିଏ ଅଟକି ଯାଇଛ
ତୁମର ସେ ମିଠା କୁଳୁକୁଳୁ ସଂଗୀତରେ
ମତେ ଅବା ସ୍ୱାଗତ କରୁଛ।
ଅଭିମାନ କରୁଛ କି ?

ହେ ସଖୀ,
ଦେଖ ମୁଁ ତୁମ ସାମ୍ନାରେ ବସିଛି।
କହିଥିଲ, ଦେଖାହେଲେ
ମନଭରି ଗପିବ
ଯେତେ ଯାହା ଅକୁହା ରହିଛି ତୁମ ମୋ ଭିତରେ।

ତୁମର ମତେ କିଛି ମାଗିବାର ଥିଲା ।

ତୁମେ ତ ଈଶ୍ୱରୀ !
କ'ଣ ଦେଇପାରେ ମୁଁ ତୁମକୁ ?
ତଥାପି ଯାହା ଅଛି ମୋର ଏକାନ୍ତ ନିଜସ୍ୱ
ସେତକ ଅଜାଡ଼ି ଦେବି ତୁମ ପଣତରେ ।

କ'ଣ ମାଗୁଛ ମାଗ ।
ତୁମକୁ ଅଦେୟ କିଛି ମୋର ନାହିଁ କି
ଶୂନ୍ୟହସ୍ତ ହେବାପାଇଁ ଭୟ

ସବୁ ହସ ସବୁ ଲୁହ ତୁମକୁ ଦେଇଛି
ଏବେ ନିଅ ସବୁ ପୁଣ୍ୟଫଳ,
ଆଜିଠୁ ସେଥିରେ ମୋର ନାହିଁ ଅଧିକାର ।

ହେ ଈଶ୍ୱରୀ !
କାହିଁକି ମାଗିଲ ମୋର ଦୁଃଖର ପୁଟୁଳି ?

ତୁମେ କ'ଣ ଜାଣ ନାହିଁ ?
ସବୁ ଦୁଃଖ ସାଉଁଟି ରଖିଛି ମୁଁ ଅରଣ୍ୟ ମଝିର
ସେଇ ପଦ୍ମ ପୋଖରୀର ସାତତାଳ ପାଣି ଆଉ

ଚଉଦ ତାଳ ପଙ୍କ ତଳ ଲୁହା ସିନ୍ଦୁକରେ
ଅମୁହାଁ ପେଡ଼ିର ଛନ୍ଦି ଫରୁଆ ଭିତରେ।

ମୁଁ ଜାଣିଥିଲି ତୁମେ ଦିନେ ଖୋଲିବାକୁ ଚାହିଁବ ସେ ପେଡ଼ି।
ସେଇଥି ପାଇଁ ତ,
ସେ ସିନ୍ଦୁକ ଚାବି ନେଇ ଫିଙ୍ଗିଦେଲି ମଝି ଦରିଆରେ।

ତୁମେ ନଦୀ ନୁହଁ, ତୁମେ ଦେବୀ।
ତାହାହେଲେ
ମୋ ସାମର୍ଥ୍ୟ ତୁମେ କ'ଣ କଳିପାର ନାହିଁ ?

ଏବେ ଫେରାଇ ନିଅ ତୁମ ପାଟ ପଣତକାନି।
ତୁମେ ଚାହିଁଥିବା ଚିଜ ମୁଁ ଦେଇପାରିନାହିଁ,
ସେଥିପାଇଁ ମୁଁ ଅପରାଧୀ।
ବଢୁ ପଛେ ମୋ ପାପ ଭାର,
ମୋ ଦୁଃଖ ଦାନ ଦେବା ପାଇଁ ସାଧ ନାହିଁ ମୋର।

ପ୍ରତିବାଦ

ଏମିତି ଡବ ଡବ ଆଖିରେ କ'ଣ ଦେଖୁଛ ?
ବିଶ୍ୱାସ ହେଉନି ?
ତମେ କ'ଣ ଭାବୁଥିଲ ମୁଁ କାନ୍ଦିକାଟି ଲୁହରେ
ତକିଆ ଭିଜେଇବି ?
ନା ତମ ପାଦତଳେ ମୁଣ୍ଡ ପିଟିଦେଇ ଦଇନି କରିବି
ଅଟକି ଯିବାପାଇଁ ?

କେବେ ନୁହେଁ
ତମେ ଯାହା କହିଲ ସବୁ ମୁଁ ଠିକ୍ ଶୁଣିଛି
ପ୍ରତିଟି ଶବ୍ଦକୁ ବାରମ୍ବାର ମନେ ମନେ ଗୁଣିହେଇଛି ।

ମତେ ବୁଝାଇବାକୁ ଚେଷ୍ଟାକର ନାହିଁ ।
ଅଧା ବାଟରେ ଛାଡିଯାଉଛ ବୋଲି କ୍ଷମା ମାଗନାହିଁ ।
ଆଉ କ'ଣ ସେସବୁର କିଛି ପ୍ରୟୋଜନ ଅଛି ?
ମୋର ଅନୁରୋଧ, ମତେ ଦୟା କର ନାହିଁ ।
ତମକୁ ବିଦାୟ ଦେଲାବେଳେ ମୋ ଛାତି ରୁନ୍ଧିହେବ ନାହିଁ
ଆଖିର ଲୁହଧାର କେବେଠୁ ଶୁଖିସାରିଛି
ଆଉ ମୋ ଆଖିରେ ଲୁହ ଖୋଜ ନାହିଁ ।

ଜାଣି ସାରିଛି,
ଦୁର୍ବଳ ଖିଅରେ ସମ୍ପର୍କକୁ ଚିରକାଳ ବାନ୍ଧିହୁଏ ନାହିଁ
ତମେ ଆଶ୍ଚର୍ଯ୍ୟ ହୁଅନାହିଁ ମୁଁ କାହିଁକି ହସୁଛି

ମନେରଖ, ରାତି ଶେଷର ଏଇ ଲାଲିମା ଟିକକ ମୋର ସମ୍ପଦ
ତାକୁ ପୁଣି ଥରେ ଛଡାଇନେବାର ଚେଷ୍ଟା କରନାହିଁ।
କାରଣ ତମେ ତାହା ପାରିବ ନାହିଁ,
ଆଉ ମୁଁ ତମର ବିଫଳତା ସହେଁନାହିଁ।

ସୀତା ୨୦୨୪

ଏବେ ତ ବିଦାୟ ନେବାର ବେଳ
ଆସ, ମନା କରନାହିଁ
ସମୟ ନାହିଁ ବୋଲି କୁହନାହିଁ
ତମର ଇଚ୍ଛା ନଥାଏ ଘରକରଣା ଆଡ଼େ ଚହିଁବାକୁ
ତମେ କୁହ ତମକୁ ଏ ଘର ଭଲ ଲାଗେନା,
ଘରର ମଣିଷ ମାନେ ବି,

ତଥାପି ଶେଷଥର ପାଇଁ କଥା ମାନ
ମୋ ସାଙ୍ଗରେ ଆସ ।

ଏଇ ଦେଖ ମୋ ଶାଢ଼ୀର ଆଲମିରା
ସବୁ ନେଇ ବାଣ୍ଟିଦେବ ସେମାନଙ୍କୁ
ଯିଏ ଏସବୁ ଦେହରେ ବେଢ଼େଇ
ମଲ୍ଲିଫୁଲର ହସ ହସିଦେବେ,
ସୁନା ହୀରାରେ କେବେ ଲୋଭ ନଥିଲା ମୋର
ଯାହା ମୋ ବେକରେ କାନରେ ପିନ୍ଧିଛି
ସେତିକି ମୋର ଗହଣା
ତମର ସିନା ଲୋଡ଼ାହେବ ନାହିଁ
ଆଉ କାହାର କାମରେ ଲାଗିବ ।

ଘରର ନିତିଦିନିଆ ଖର୍ଚ୍ଚ ପାଇଁ କିଛି ଟଙ୍କା,
ତମେ ଦେଇଥିବା ଚାରି ପାଞ୍ଚଟା ବିଦେଶୀ ମୁଦ୍ରାର ରେଜା,
କିଛି ଅଚଳ ପଇସା ଆଲମିରାର ଲକରରେ ଅଛି ।
ଏଇ ନିଅ ତମ ଲକରର ଡୁପ୍ଲିକେଟ୍ ଚାବି
ଆଉ ଯାହା ମୋର ଅଛି ଏଇଠି, ତମ ଆଖି ଆଗରେ
ସବୁ ବାହାର କରି ଘର ସାମ୍ନା ଛକରେ ରଖିଦବ
ତାକୁ କେହି ନେଇ ନିଜ ଘର ସଜାଡ଼ିବ ।

ତମକୁ ଅନୁରୋଧ, କିଛି ରଖିବନି ମୋର ସ୍ମୃତି !
ମୋ ଲୁଗାପଟା, ତେଲ, ଶାମ୍ପୁ, ଅତର, ପାନିଆ, ବିନ୍ଦି
ମୋ ଖାତା କଲମ, ଅଧାଲେଖା ଆଳିମାଳିକା କାଗଜ, ଫଟୋ, ଚୁଡ଼ିଡବା,
ତମକୁ ଲେଖିଥିବା ଚିଠି - ସବୁ ବାହାର କରିଦେବ ଘରୁ
କାଳେ ତମର ମୋ କଥା ମନେ ପଡ଼ିଯିବ ।

ଆଜି ସିନା ମୁହଁ ମୋଡ଼ି ଚାଲିଯାଉଛ
ସେଦିନ ତମେ ଭାବିବ କେହି ଜଣେ ଥିଲା
ଯିଏ କେବଳ ତମ ପାଇଁ ବଞ୍ଚିଥିଲା
ସାରା ଦିନର ଜଂଜାଳ ଶେଷରେ
ଅପେକ୍ଷା କରୁଥିଲା କେବଳ ତମକୁ
ହୃଦୟ ଭର୍ତ୍ତି ଶ୍ରଦ୍ଧା ପ୍ରେମ କେବଳ ତମପାଇଁ
ସାଇତି ରଖିଥିଲା

ତମକୁ ଦେଖିଲେ ଭୁଲିଯାଉଥିଲା ଭୋକ, ଶୋଷ, ଥକ୍କାପଣ।
କ'ଣ ଲୋଡୁଥିଲା ସେ ତମଠୁ ?
ଟିକିଏ ଆଦର ସମ୍ମାନ, ରୋଗ ଶୋକରେ ଟିକିଏ ସଖ୍ୟ
ଏତିକି ଲୋଡିବା କ'ଣ ବେଶି ହୋଇଗଲା ?

ତମସାଙ୍ଗେ ସମ୍ପର୍କଟିଏ ଗଢିଥିଲି ଅତି ଯତ୍ନରେ
ମୋର ସବୁ ସାମର୍ଥ୍ୟ ସୋହାଗ ଅଜାଡ଼ି
ତିଆରିଥିଲି ମୋର ସ୍ୱପ୍ନର ସଂସାର
ଜାଣିନଥିଲି କାହା ସାଙ୍ଗେ ମାତ୍ର କେଇ ଦିନର ପରିଚୟ,
କେତେ ପଦ ମିଠା କଥା,
ଦୋହଲେଇ ଦେବ ମୋର ବିଶ୍ୱାସ ଆଉ ଭରସାର ପୃଥିବୀ
ମଳିଦେବ ମୋର ଆତ୍ମା,
ବିଦାରିଦେବ ମୋର ହୃଦୟ
ମାଟିରେ ମିଶାଇଦେବ ମୋର ଏତେ ଦିନର
ପ୍ରେମ, ଶ୍ରଦ୍ଧା ଓ ସାଧନା।

ଦିନେ ନା ଦିନେ କିନ୍ତୁ ତମେ ଫେରିବ ଏଇଠିକୁ !
ତମପାଇଁ ତମ ରାଜଗାଦି, ସଭାଗାର
ଟେବୁଲ ଉପରେ କଲମ କାଗଜ
ସବୁ ସେମିତି ଅପେକ୍ଷା କରିଥିବେ

ନଥିବି ମୁଁ,
ତମେ ଖୋଜିବ କି ନାହିଁ, ଜାଣେନା
ତମପାଖେ ଅଭିଯୋଗ କରିବାକୁ କି
ତମ ସମୟରେ ଭାଗ ବସେଇବାକୁ ମୁଁ କିନ୍ତୁ ଆଉ ଆସିବିନି।

ତମେ ଠିକ୍ କହିଛ !
ସମୟ ସହିତ ସବୁକିଛି ବଦଳୁଥାଏ
ମୁଁ ତମଠାରୁ କିଛି ବି ଆଶା ରଖିବା ଉଚିତ ନୁହେଁ।

ତଥାପି !
ଏଇ ଶେଷଥର ପାଇଁ
ଥରେ ମୋ ଆଖିରେ ଆଖି ମିଳେଇ ନିଅ
ନିଃଶବ୍ଦରେ ବର୍ଷିଯାଉ ତମର ଅସରନ୍ତି ଆକ୍ରୋଶ
ସବୁ ହିସାବ କରିଦିଅ ମୋ ପାଇଁ ଘୃଣାର, ହତାଦରର
ମନସାଧ ମେଣ୍ଟାଇ ସବୁ କଠୋର ଶବ୍ଦ ସାରିଦିଅ

କାଲିକୁ ମୁଁ ଆଉ ନଥିବି
ନା' ତମ ଘରେ, ତମ ରାଜ୍ୟରେ କି ତମ ଜୀବନରେ।

ସେତିକି ଆଣିଦିଅ

କାହିଁକି ବାରମ୍ବାର ପଚାରି ହଉଛ ?
ପାଇଲେ ସିନା ତମକୁ ଦେଖେଇବି
ନହେଲେ ତମେ କ'ଣ ବୁଝିପାରିବ
କଉଁ ଚିଜକୁ ମୁଁ ଏତେ ବିକଳ ହେଇ ଖୋଜୁଛି ?

ମୋ ସାନ କୁହା ମାନ,
ଯାଅ, ସେ ଭଙ୍ଗା ପିଣ୍ଡାରେ ଟିକିଏ ବସ
ବୋହୂକୁ ଡାକୁଛି ଲେମ୍ବୁପାଣି ଦବ ।
ପାନ ଖଣ୍ଡେ ଖାଇବ କି ?

କିଛି ଖାଇବ ନାହିଁ ପିଇବ ନାହିଁ
ସେକଥା କେମିତି ହବ ?
ଗୃହସ୍ଥ ଘରୁ କେହି
ଏମିତି ପାଟିରେ ପାଣି ଟୋପେ ନଦେଇ କ'ଣ ଫେରିଯାଏ ?

ହଉ, ଏତେ ଜିଗର ଯଦି କରୁଛ ଶୁଣ
କାଲି ରାତିରେ ଯେତେବେଳେ ଭଙ୍ଗା ଗଛ ଭାରରେ
ଘରର କାନ୍ଥ ସବୁ ଭୁଶୁଡି ପଡୁଥିଲା

ଆମେ ଥିଲୁ ସାନ ଦାଦିଙ୍କ ଘରେ
ବେଳବୁଡ଼ୁଠୁ ଖୁଡିଙ୍କ ମନକୁ କାଳେ ପାପ ଛୁଇଁଥିଲା
ଗଛସବୁ ସମ୍ଭାଳି ପାରିବେ ନାହିଁ
ଏମିତି କାଳଗ୍ରାସୀ ପବନର ଦାଉ
ଘରର ଚାଳ ଉପରେ ଲୋଟିପଡ଼ିବେ ନିଶ୍ଚେ
ଆଜି ସକାଳୁ ପବନ ଥମିଯିବା ବେଳଠୁ
ମୁଁ ଏଇଠି।

ବଡ଼ ପୁଅ ଝିଅ ଦିଜଣ ମୋ ବାପଘରେ ଜନ୍ମ ହେଇଥିଲେ।
ତାଙ୍କ ଷଠୀଘର ସେଇଠି ରହିଗଲା
ମୋ କୋଳାପୋଛା ପୁଅର ଷଠୀଘର ଏଇଠି
ମାଟିତଳେ ପୋତିହେଇ ରହିଛି।

ପଚାରୁଥିଲ ପରା କି ସାହାଯ୍ୟ ମୋର ଦରକାର
ପାରିବ ଯଦି ଖୋଳିଦିଅ ମୋର ପାଞ୍ଚଶେଣିଆ ଘରର ମାଟିଗଦା
ଖୋଜିଦିଅ ମୋ ପୁଅ ଷଠୀଘରର ଏକୋଇଶିଟା ଯାକ କଉଡ଼ି
ମୁଁ କାନି ପାତି ଛିଡ଼ା ହେଇଛି,
କାଲି ନହେଲେ ଦିନେ ନା ଦିନେ ପୁଣି ଛିଡ଼ାହବ ଘର
ହେଲେ, ତମେ କୁହ
ମୁଁ କଉଁଠୁ ଆଣିବି ସେଇ ଏକୋଇଶିଟା କଉଡ଼ି ?
ଏତିକି ମାତ୍ର ଦୟା କର।
ସେତିକି ଆଣିଦିଅ ମତେ।

ସବୁକଥା ମନେଅଛି

ତମେ ସତରେ ସବୁକଥା ମନେ ରଖିଛ !

କିଛି ବି ତ ଭୁଲିନାହଁ
ଯାହା ସବୁ ମୋର ପ୍ରିୟ

ଛୁଟି ନେଇ ଷ୍ଟାଡିଅମରେ କ୍ରିକେଟ ଖେଳ ଦେଖା
ଜଗଜିତ - ଚିତ୍ରା ସିଂ ଗଜଲ
ଆର୍ଟ ଫିଲ୍ମର ଡିଭିଡି, କୁଣିଆଙ୍କ ସାଙ୍ଗରେ ରାତି ଅଧରେ ତାସ ଖେଳ
ଖଟ ଉପରେ ବହି ପତ୍ରିକା ଗଦା
ବିଛଣାରେ ପାଉଡର ସିଞ୍ଚିବା ମନେଅଛି ତମର ।

କଟକର ଦହିବରା ଆଳୁଦମ ବେଶି ଖାଇଦିଏ ବୋଲି
ବରାବର ଚିଡ଼େଇଛ
ତମେ ମନେ ରଖିଛ ମତେ ପାହାଡ଼ ଜଙ୍ଗଲ
ଆଉ ନିରୋଳା ନଈକୂଳ ଭଲ ଲାଗେ ।
ଯାହା ମୁଁ ଭଲପାଏ ସବୁ ତମର ମନେଅଛି ।

ମୋର ଏସବୁ କିଛି ମନେନାହିଁ
ମୋର ପସନ୍ଦର କଥା ସବୁ ମୁଁ କେବେଠୁ ଭୁଲି ସାରିଛି,
ତମେ କିନ୍ତୁ ଭୁଲିନାହଁ।

ମତେ ପଚାରୁଛ ମୁଁ ତମ ପରି କାହିଁକି ମନେରଖିନାହିଁ ?
କେମିତି ଜବାବ ଦେବି ତମକୁ
ମନେ ନରଖିଲେ ବି ତମେ ପସନ୍ଦ ନକରୁଥିବା କାମ
କେବେ କରିନାହିଁ
ଏପରିକି ତମେ ନାକ ଟେକୁଥିବା ଖାଦ୍ୟ ରାନ୍ଧିନାହିଁ
ତମକୁ ଭଲ ଲାଗୁନଥିବା ଶାଢୀଟି ଦ୍ୱିତୀୟ ବାର ପିନ୍ଧିନାହିଁ
ତମେ ଚାହୁଁନଥିବା ମଣିଷଙ୍କୁ ଭେଟିନାହିଁ।

ମୁଁ ଅନେକ କଥା ଭୁଲିଥାଇପାରେ
ତମ ସେବାରେ ନିଷ୍ଠା ଭୁଲିନାହିଁ
ତମେ ଯାହା ଯେମିତି ଚାହିଁଛ
ଠିକ୍ ସେମିତି କରିବାକୁ ଚେଷ୍ଟା କରିଛି
ତମେ ଯେମିତି ରଖିଛ ସେମିତି ବଂଚିଛି
ତଥାପି କେଉଁଠି ମୋର ତ୍ରୁଟି ରହିଗଲା ହୁଏତ।

ମୁଁ କାହିଁକି ତମ ପସନ୍ଦର ଜୀବନ ଜିଉଁନାହିଁ
ବୋଲି ଦୋଷ ଦେଇ ଚାଲିଛ ?

ତମେ ସବୁ ମନେରଖିଲ
କେବଳ ଗୋଟିଏ କଥା ସହଜରେ ଭୁଲିଗଲ ।

ଦିନେ ଶପଥ କରିଥିଲ ମୋ ପ୍ରତି ସତ୍ୟନିଷ୍ଠ ରହିବ
ପୃଥିବୀର ସମସ୍ତଙ୍କଠୁଁ ମତେ ବେଶି ଭଲପାଇବ
ମୋ ଲୁହର କାରଣ ହେବନାହିଁ
ଅଧା ବାଟରେ ହାତ ଛାଡ଼ିଦେବ ନାହିଁ ।

ଏବେ କୁହ, ତମର ମନେଅଛି ସେ ପ୍ରତିଶ୍ରୁତି ?

ତମେ ଜବାବ ଦେଇ ପାରିବ ନାହିଁ
ଯଦି ସେତିକି ମନେଥା'ନ୍ତା
ଆଉ ସବୁ କଥା ମନେ ରଖିବା ଦରକାର ହେଇନଥାନ୍ତା
କିମ୍ବା ଏତେ ହିସାବ ଦେବାକୁ ପଡନ୍ତା ନାହିଁ ।

ପରୀକ୍ଷା ନିଅ

ରାଜକୁମାର ଗୌତମ ଦିନେ ଚାଲିଯାନ୍ତି ଏକମୁହାଁ ହୋଇ
ଯୁବତୀ ପତ୍ନୀ, ବାଳୁତ ପୁତ୍ର, ବୃଦ୍ଧ ପିତାଙ୍କୁ ପଛକରି
ଯାଇପାରନ୍ତି କେତେ ସହଜରେ !
ନିଜକୁ ମୁକ୍ତ କରିବାକୁ ସନ୍ନ୍ୟାସର ପଥ ତାଙ୍କ ପାଇଁ ଖୁବ୍ ସହଜ,
କିନ୍ତୁ ସଂସାରଠୁ ଦୂରେଇଯିବା କ'ଣ ତ୍ୟାଗ,
ନା ସ୍ୱାର୍ଥପରତା ?
ସଂସାର ଧର୍ମ ପାଳିବା କ'ଣ ନୁହେଁ ତପସ୍ୟା

କେହିହେଲେ ପ୍ରଶ୍ନକର ତାଙ୍କୁ
ସେ ପରା ଅବତାର
ସେ ଜବାବ ଦିଅନ୍ତୁ,
ପତ୍ନୀ ଯଦି ମୋକ୍ଷ ପଥରେ ପ୍ରତିବନ୍ଧକ
ତାକୁ ଗ୍ରହଣ ନକର ପଛେ
ଅପମାନିତ କରିବାର ଅଧିକାର ତାଙ୍କୁ ଦେଲା କିଏ ?

କୁହନ୍ତୁ ଭଗବାନ ବୁଦ୍ଧ
ପତ୍ନୀକୁ ସହଯାତ୍ରିଣୀ କରିବା ପାଇଁ ପୁରୁଷର
କାହିଁକି ଏତେ କୁଣ୍ଠା, ପତ୍ନୀ କ'ଣ କେବଳ ବସ୍ତୁଟିଏ ?
ଭୋଗର ସାମଗ୍ରୀ ଛଡା ଆଉ କିଛି ନୁହେଁ ?

ଥରେ ହେଲେ ହାତ ବଢ଼େଇ ଡାକିଥାନ୍ତ
ପରଖିଥାନ୍ତ ପତ୍ନୀର ନିଷ୍ଠା
ଥରେ ତ ଅନୁମତି ମାଗି ପାରିଥାନ୍ତ
କିନ୍ତୁ ତମେ ଯେ ନାରୀର ହୃଦୟ ପଢ଼ିପାର ନାହିଁ
ଗୌତମ ରହାନ୍ତି ନାହିଁ
ଭଗବାନ ବୁଦ୍ଧ ବି ପାରନ୍ତି ନାହିଁ
ସେ ନାରୀକୁ ତ୍ୟାଗ କରିପାରନ୍ତି
ପରୀକ୍ଷା କରିବାର ସାହସ କି ଧୈର୍ଯ୍ୟ ତାଙ୍କର ନାହିଁ ।

ତୁମପାଇଁ

ମୋର ନିରବତାର କାରଣ ପଚାରୁଛ ?
କ'ଣ ଚାହୁଁଛ ତୁମେ ?
ମୁଁ କିଛି ହେଲେ କହିବି, ତୁମେ ଶୁଣିବ

ମୋ ଜୀବନ କାହାଣୀ, ମୋ ସୁଖ ଦୁଃଖ
ପିଲାଦିନ ଧୂଳିଖେଳଠୁ ନେଇ
ଉତ୍ତୀର୍ଣ୍ଣ ବୟସ ପର୍ଯ୍ୟନ୍ତ ପୁଞ୍ଜିଭୂତ ଅନୁଭୂତିର
ଭଣ୍ଡାର ଖୋଲିବାକୁ ଅଡ଼ିବସିଛ ତୁମେ
ଅପେକ୍ଷା କରି ରହିଛ ମୋ ମୁହଁରୁ ସବୁ ଶୁଣିବ ।

ତୁମର ଅଭିଯୋଗ
ଜୀବନରୁ ଏତେ ତିକ୍ତ ମଧୁର ସ୍ମୃତି ସବୁ ସାଉଁଟି
ମୁଁ ସାଇତି ରଖିଛି ମୋ ସ୍ମୃତିର ଫରୁଆରେ
ତଥାପି କାହିଁକି ପଦେ କିଛି କହିପାରୁନାହିଁ
ଧାଡ଼ିଏ ବି ଲେଖିପାରୁନାହିଁ

ତୁମକୁ ନିରାଶ କରିବା ଭାରି କଷ୍ଟ

କୁହ, କେଉଁଠୁ ଆରମ୍ଭ କରିବି ?
ସୁଖ କହିବି ନା ଦୁଃଖ କହିବି,
ନା ଯାହା ଅଙ୍ଗେ ନିଭେଇଛି ତା' କହିବି ?

ନାଲି କଙ୍କି ପଛରେ ଧାଇଁବାର ବୟସଠୁ ନେଇ
ସମ୍ପର୍କମାନେ ନିରବରେ ହାତ ଖସେଇନେବା ପର୍ଯ୍ୟନ୍ତ
କେତେ କ'ଣ ଘଟିଗଲା ସବୁ ମୋର ଠିକ ମନେ ଅଛି
ସମୟ କିଛି ବି ଭୁଲେଇପାରିନି ମତେ
ସବୁ ଶ୍ରଦ୍ଧା, ଘୃଣା, ପ୍ରେମ, ପ୍ରତାରଣା, ଆଦର ହତାଦର,
ସାଇତା ରହିଛି ମୋ ହୃଦୟର ଗମ୍ଭୀରି ଭିତରେ

ମାତ୍ର....
ମତେ କ୍ଷମାକର
ମୁଁ ପାରିବିନି

ତମେ କହୁଛ
ତା' ପାଇଁ ଲୋଡ଼ା କେବଳ ଇଚ୍ଛା, ଭାବ ଆଉ ଶବ୍ଦ ।

କେମିତି କହିବି ତମକୁ
ଆଜି ମୋର ଇଚ୍ଛାମାନେ ନିରୁଦ୍ଦିଷ୍ଟ
ଶବ୍ଦମାନେ ଯାଇ ଲଟକି ଗଲେଣି କେଉଁ ଦୂର ପାହାଡର
ଅନ୍ଧାରି ଗୁମ୍ଫାରେ।
ଆଉ ଭାବ ?
ତେଲ ଲୁଣ ସଂସାରରେ ତା'ର ବା କି ପ୍ରୟୋଜନ ?
ସେ ତ କେବେଠୁ ଫସିଲ।

ଯାଇପାରିବି ନାହିଁ

ସବୁ ଠିକ୍ ହେଇ ସାରିଥିଲା

ମାସଟିଏ ପାଇଁ ରହିବାକୁ ସୁନ୍ଦର ଆଉ
ରୋଜଗାରକୁ ସୁହାଇଲା ଭଳି ଠିକଣା
ଯେମିତି ଚାହୁଁଥିଲି ଠିକ୍ ସେମିତି ।

ଅନାବନା ଜଙ୍ଗଲ ଭଳି ବଗିଚା ମଝିରେ
ଚଢେଇ ମାନଙ୍କ ମେଳରେ
ନିଜ ଇଚ୍ଛାରେ ସକାଳୁ ଉଠିବି
ବାରଣ୍ଡାରେ ଟି'ପୟ ଉପରେ ଗୋଡ ରଖି
ଘଣ୍ଟାଏ ପର୍ଯ୍ୟନ୍ତ ଚା ପିଉଥିବି
ସମୟର ତାଗିଦା ନଥିବ ।

ଭୋର ସକାଳୁ କାକରମଖା ଘାସ ଉପରେ
ହାଲିଆ ହେବା ଯାଏ ଚାଲିବି,
ନଈ ପାଣିରେ ମୁହଁ ଦେଖିବି,
ଛେଳି ଛୁଆଙ୍କ ପଛରେ ଧାଇଁବି,
ଗୁଣ୍ଡୁଚି ସଙ୍ଗେ ଲୁଚକାଳି ଖେଳିବି,

ଝାଲୁଅପା ସାଙ୍ଗେ ସଞ୍ଜବେଳେ ଗିନି ବଜେଇ
ବେସୁରା ଭଜନ ଗାଇବି।

କାହାରି ଫରମାସ ପାଇଁ ଏପଟରୁ ସେପଟ
ଧାଇଁବାକୁ ପଡୁନଥିବ।

ମୋବାଇଲ ଫୋନ୍ ନେଇନାହିଁ
ସବୁ ଜଞ୍ଜାଳକୁ ପିଠି କରିଦେଲି
ବାସ, ତିରିଶ ଦିନ କେବଳ ମୋର।

ଆଉ କ'ଣ ସବୁ କରିବି ଚିଠା ଦରକାର ନାହିଁ
ବିନା ଚିଠାରେ ମାସଟିଏ ବଂଚିବା ପାଇଁ ତ ଏତେ ଆୟୋଜନ।

ମୁଁ ପରୀ ହେଇଯାଇଛି
ଚେହେରାରେ, ବେଶ ପୋଷାକରେ
ଭାବନାରେ, ଚେତନାରେ,
ସବୁଠି କାଉଁରୀ କାଠିର ସ୍ପର୍ଶ
ଏବେ ରଥ ପ୍ରସ୍ତୁତ, ଆଉ ଏକ ପୃଥିବୀକୁ ମୋର ଯାତ୍ରାର ଆରମ୍ଭ।

ଏମିତି କାହିଁକି ହେଲା ?
ଏତିକିବେଳେ କେମିତି ଦିଶିଗଲା କୁହ

ରକ୍ତଚାପ ଔଷଧ ଖାଇବା କଥା ତମେ ଭୁଲି ଯାଇଛ ।
ପଡିଶା ଘରର ଗାଈକୁ ଦେବାପାଇଁ ରଖିଥିବା
ତିନିଦିନର ପାଖାଳ ନେଇ ଖାଇବାକୁ ବସିଛ
ତା'ସାଙ୍ଗରେ କେବଳ ଲୁଣ ଆଉ ଲଙ୍କା !

ସବୁ ଗୋଳମାଳ ହେଇଯାଉଛି ।

ଦୂରରୁ ଶୁଭୁଛି ରାତି ବାରଟା ବାଜିବାର ଘଣ୍ଟା ଶବ୍ଦ
ପାଦରୁ ଖସି ଯାଉଛି ହୀରାଖଞ୍ଜା ଜୋତା
କିଏ ଓହ୍ଲେଇ ଦେଉଛି ପରୀର ପୋଷାକ
ରଥକୁ ନେଇ ଉଭେଇ ଯାଉଛନ୍ତି ଘୋଡା
କଚୁଆନ ମୂଷା ରୂପରେ ବସିଛି ଭୂଇଁରେ
ମୁଁ ଏବେ ଅଣନିଃଶ୍ୱାସୀ ହେଇ ଏକମୁହାଁ ଧାଇଁଛି
କେବଳ ଗୋଟିଏ ଲକ୍ଷ୍ୟରେ
କେତେ ଶୀଘ୍ର ପହଂଚି ହେବ ମୋର ପରିଚିତ ଚୌହଦୀରେ ।

ହାତ ବଢ଼େଇଲେ ଆକାଶ

ସାରା ରାତି ପଡିଥିଲା
ଆକାଶରେ ଜହ୍ନ ଥିଲା, ତାରା ଥିଲେ
ବସନ୍ତର ମୃଦୁ ମଳୟ ବି ବହୁଥିଲା
ଦେହ ମନ ଉଲୁସେଇ
କେଉଁଠୁ କେଜାଣି
ମଲ୍ଲିଫୁଲର ସୁଗନ୍ଧ ଭାସି ଆସୁଥିଲା ।

ସବୁ ଥିଲା ମୋହମୟ ସୁନ୍ଦର ସରସ
ସବୁ କିଛି ଆପଣାର ଲାଗୁଥିଲେ
ପକ୍ଷୀର କାକଳି ଆଉ ଫୁଲର ସୁବାସ
ସବୁରି ଉପରେ ମୋର ଅଧିକାର ଥିଲା
ଲାଗୁଥିଲା
ହାତ ବଢ଼େଇଲେ ମୁଁ ଛୁଇଁବି ଆକାଶ ।

ସ୍ୱପ୍ନ ଦେଖିବା ପାଇଁ
ପର୍ଯ୍ୟାପ୍ତ ସମୟ ବି ଥିଲା
ସ୍ୱପ୍ନମାନେ ଆସିଥିଲେ ପରା !
ଦରଜାରେ ଠକ ଠକ କରି ଡାକିଥିଲେ ବି ।

ପାଖକୁ ଡାକିଲି ନାହିଁ
ଗର୍ବରେ କି ଅବଜ୍ଞାରେ ନୁହେଁ
ଡାକିବି ନ ଡାକିବି ଭାବୁ ଭାବୁ
ସବୁ ସ୍ୱପ୍ନ ମୋ ଦୁଆର ପାର ହେଇଗଲେ ।

ଏତେ ବେଶି ଅଭିମାନୀ ସ୍ୱପ୍ନମାନେ !
ଚାଲିଗଲେ ମତେ ପିଠିକରି
ମୁଁ ବି ପଛରୁ ଡାକିନାହିଁ,
ସମୟ ନାହିଁର ଆଳ କରି ।

ଆଜି ବି ରାତିମାନେ ଆସନ୍ତି
ଆକାଶରେ ଜହ୍ନ ତାରା ବି ହସୁଥାନ୍ତି ।
ମୃଦୁ ମଳୟ ବହେ କେବେ କେବେ
ମଲ୍ଲିଫୁଲର ସୁଗନ୍ଧ ବି ସରିଯାଇନାହିଁ ।

ହେଲେ, ସ୍ୱପ୍ନମାନେ ଭୁଲିଯାଇଛନ୍ତି ମତେ
ମୋ ଦୁଆରେ ଆଉ ଠକ ଠକ ଶୁଭେ ନାହିଁ
କେହି କେବେ ମୋ ଘର ବାଟେ ଯାଏ ନାହିଁ

ରାତିମାନେ ସରିଯା'ନ୍ତି
ତାରାମାନେ ହାଇମାରି ଘରକୁ ଫେରନ୍ତି

ମଗଜିଆ ଜହ୍ନ କେବେ ଆସି କେବେ ଚାଲିଯାଏ
ସହଜେ ସେ ଦେଖା ଦିଏ ନାହିଁ
ତାର କ'ଣ ଯାଏ ଆସେ ମୁଁ ଥାଏ କି ନଥାଏ ।

ସ୍ୱପ୍ନମାନଙ୍କ ବାଟ ଚାହିଁ ରାତି ସାରା ଚେଇଁରହେ
ସେମାନେ ଫେରନ୍ତି ନାହିଁ ।

ଏବେ ବୁଝୁଛି
କେବେ ରାତି ଥିଲେ କଣ ହବ,
ଜହ୍ନ ତାରା ନଥାନ୍ତି
ଚଇତାଳି ଝାଂଜି ହେଇଯାଏ
ମଲ୍ଲିଫୁଲ ଦିନେ ତାର ସୁଗନ୍ଧ ହରାଏ
ସ୍ୱପ୍ନମାନେ ଠିକଣା ହଜାନ୍ତି
ରାତିମାନେ ନିଦ୍ରାହୀନା ବନ୍ଧ୍ୟା ହେଇଯାନ୍ତି ।

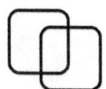

କିଛି ମତାମତ

ଏହି ସଂକଳନରେ ସ୍ଥାନୀତ 'ଶାନ୍ତିର ଦାମ୍ ଅଶୀ ହଜାର' କବିତାଟିକୁ ତରୁଣ ସାହିତ୍ୟିକ ଶ୍ରୀ ଅମରେଶ ବିଶ୍ୱାଳ 'ଫେସ୍‌ବୁକ୍'ରେ ସ୍ଥାନୀତ କରିଥିଲେ। ତାହାକୁ ପଢ଼ି ମତାମତ ଦେଇଥିବା ପ୍ରବୀଣ ଓ ତରୁଣ ପାଠକଙ୍କ ମଧ୍ୟରୁ କେତେଜଣଙ୍କ ମନ୍ତବ୍ୟ ଏଠାରେ ସ୍ଥାନୀତ କରାଯାଉଅଛି:

କବିତାଟି ଆବୃତ୍ତି କରି ଶେଷ ପଦ ଆଡ଼କୁ ଗଲାବେଳକୁ ଆଉ କୋହ ସମ୍ଭାଳି ପାରିଲିନି। ସେ ଚାରିନମ୍ବର ହେଉ କି ଏକନମ୍ବର ଶାନ୍ତିର ଭାଗ୍ୟ କେବେ ଲେଖା ନ ହେଉ।

- ପତିତପାବନ ପାଣି

ସକାଳୁ ସକାଳୁ ପଢ଼ି ଘଡ଼ିଏ କାନ୍ଦିଛି।

- ସନ୍ତୋଷ ପାଣିଗ୍ରାହୀ

ଅଶୀ ହଜାର ମୂଲଚାଲରେ ଶାନ୍ତିର ନାଁ ମାଟିରେ ମିଶିଗଲା, ହେଲେ ଏ ଲେଖାଟି ଆଖିରେ ଯୋଉ ଆଠଟୋପା ଲୁହ ଭରିଦେଲା, ତାର ମୂଲ୍ୟ ନିରୁପଣ ହେଇପାରିବ ନାହିଁ। ମନକୁ ଘାଣ୍ଟିଦେଲା ଭଳି ଲେଖାଟିଏ।

- ଶୀତଲ ମିଶ୍ର

ଏ କବିତାଟି ପଢ଼ିଲାବେଳେ କିଛି ସମୟ ଅନ୍ୟମନସ୍କ ହେଲି। କବିତା ପଛରେ ଥିବା କାହାଣୀଟି ଚହଲେଇଦେଲା ଭଳି। ସେ କାହାଣୀଟି ବାରମ୍ବାର ଆଖି ସାମ୍ନାକୁ ଆସିଯାଉଥିଲା, ଏବେ ବି ଆସିଯାଉଛି। ଚମତ୍କାର କବିତା।

- ଦେବବ୍ରତ ଦାସ

ଏହା ଏକ ଉତ୍ତମ କବିତା।

- ସଦାନନ୍ଦ ତ୍ରିପାଠୀ

ଚମତ୍କାର।

- ରାଜେନ୍ଦ୍ର କିଶୋର ପଣ୍ଡା

ଗପ-କବିତା, ମର୍ମସ୍ପର୍ଶୀ। ଶୁଭେଚ୍ଛା କବି।

- ଗାୟତ୍ରୀ ସରାଫ

ଏ କବିତା ପଛରେ ଯେଉଁ କାହାଣୀଟି ଦିଶୁଛି, ତାହା ସହ ଆମେ ସମସ୍ତେ ଯୋଡ଼ିହେଇପାରିବା, ସେଥିପାଇଁ ସମ୍ଭବତଃ ଏ କବିତା ଥରେଇ ଦେଉଛି, ଭାରାକ୍ରାନ୍ତ କରିଦେଉଛ। ଆହା !

- ହିରଣ୍ମୟୀ ମିଶ୍ର

ହୃଦୟକୁ ସତରେ ବିଦୀର୍ଣ୍ଣ କରିଦେବା ପରି କବିତା। ମଣିଷ କେତେ ଅମଣିଷ ହୋଇପାରେ ସତେ ! ଆହା, ବିଚାରୀ ଶାନ୍ତି !

- ପ୍ରବୀଣା ମହାନ୍ତି

ଭଲ କବିତା, ଭଲ ଲାଗିଲା।

- ଚିରଶ୍ରୀ ଇନ୍ଦ୍ରସିଂ

ଆଃ !

- ହରପ୍ରସାଦ ବାରିକ

ଏ କବିତାଟି ପଢ଼ିଲାବେଳେ ମୋ ଆଖିରେ ଶାନ୍ତି ପରି ଓଡ଼ିଶାର ବହୁ ହତଭାଗିନୀଙ୍କ ଚିତ୍ର ନାଚିଉଠୁଥିଲା। ଏହା ଏକ ମର୍ମସ୍ପର୍ଶୀ କବିତା।

- ରାଜେନ୍ଦ୍ର ନାରାୟଣ ଦାସ (ଜର୍ମାନୀ)

'ଶାନ୍ତିର ଦାମ୍ ଅଶୀ ହଜାର' - ଛାତି କୋରି ହେଇଗଲା ପରି କବିତାଟିଏ। ଆହା !

- ଅମରେଶ ବିଶ୍ୱାଳ

କବିତାଟି ପଢ଼ିଲାବେଳେ ମୁଁ କାନ୍ଦ କାନ୍ଦ ହୋଇଯାଇଥିଲି।

- ଶତ୍ରୁଜିତ୍

ଏହା ତ କବିତା ନୁହେଁ, ହୃଦୟ ମନ୍ଥିଦେବା ପରି କଥାଟିଏ। ସମ୍ବେଦନଶୀଳ ମଣିଷ ହିଁ ଏମିତି ଲେଖିପାରିବେ।

- ଅରବିନ୍ଦ ରାୟ

ଯାହାହେଉ, ସମ୍ବେଦନଶୀଳତା ଏଯାଏଁ ବଞ୍ଚିଛି। ଧନ୍ୟବାଦ ସଂଯୁକ୍ତା ନାୟକଙ୍କୁ, ଯିଏ ଠିକ୍ ବୁଝିଛନ୍ତି ଝିଅର ଜୀବନ ଜୀବନ ନୁହଁ, ଗୋଟେ ନର୍କ। ଯେମିତି ପୃଥିବୀର ସବୁ ଚିଜ ପାଇଁ ମୂଲ୍ୟ ରହିଛି, ସେମିତି ଏ ନର୍କ ପାଇଁ ବି ମୂଲ୍ୟ ଅଛି, ଯାହା ଲେଖିକାଙ୍କ ହିସାବରେ ଅଶୀ ହଜାର। ନ ହେଲେ ଏଠି ତ କୁହାଯାଏ, 'ଝିଅଟିଏ ମରିଯିବା ଯାହା, ଦାଆଟିଏ ହଜିଯିବା ସେଇଆ।

- ଆଦ୍ୟାଶା ଆକାଂକ୍ଷା ମହାନ୍ତି

ଅତ୍ୟନ୍ତ ହୃଦୟସ୍ପର୍ଶୀ ଉଚ୍ଚକୋଟୀର ଆଲେଖ୍ୟ।

- ଯୋଗୀ ପ୍ରଭାକର ଦାଶ

ବହୁତ ସୁନ୍ଦର କବିତା।

- ପ୍ରିୟବ୍ରତ ପଣ୍ଡା, ପ୍ରଦୀପ ନାୟକ

ଖୁବ୍ ସୁନ୍ଦର ଓ ପ୍ରଭାବଶାଳୀ କବିତା।

- ଚିତ୍ତରଂଜନ ନାୟକ

ଯଥାର୍ଥରେ ଏକ ସୁନ୍ଦର କବିତା। ମୁଁ ପଢ଼ିସାରିଛି।

- ଧନଞ୍ଜୟ ସ୍ୱାଇଁ

ଭାରି କଷ୍ଟଦାୟକ ଶାନ୍ତିମାନଙ୍କର ଅଶାନ୍ତିକର ଭାଗ୍ୟ।

- ଅରୁନ୍ଧତୀ ମଲ୍ଲିକ

ହୃଦୟସ୍ପର୍ଶୀ।

- ପୀତାମ୍ବର ବାରିକ

'ଭାଇ' କବିତାରେ ଭାଇ ପାଇଁ ହୃଦୟର କଥା କେତେ କୋମଳରେ ଝରିଯାଇଛି, ୫୦ ବର୍ଷ ତଳର ସ୍ମୃତିର ଗୁମ୍ଫାରୁ, ଝରଣା ପରି ଅକୃତ୍ରିମ।

- ପ୍ରକାଶ କୁମାର ପରିଡ଼ା

ଲୁହ ଲୁହ ହେବାକୁ ପଡ଼ିବ ଏ କବିତା ପଢ଼ିଲେ।

- ନବଜ୍ୟୋତି ରାୟ

ଏକାନ୍ତ ଅନୁଭବର ବାସ୍ତବତା ଏ କବିତା (ଭାଇ)ର ପାଠକଙ୍କୁ ମୁଗ୍ଧ କରିବ। ଆଗରୁ 'ସ୍ୱପ୍ନ ଦେଖନା ଲୋ ଗେହ୍ଲା ଝିଅ' ଶୁଣିଥିଲି। ତାହା ମୋତେ ମୁଗ୍ଧ କରିଥିଲା।

- ମାନସ ରଂଜନ ସାମଲ

'ଭାଇ' ଏକ ଚମତ୍କାର କବିତା। ମୁଁ ଭିଜିଗଲି। ଅନୁଭବ ଓ ଜୀବନର ଆବର୍ତ୍ତ ଭିତରେ ଥିବା ଗୁଣସୂତ୍ରକୁ କବି ଗୁନ୍ଥିଛନ୍ତି ଖୁବ୍ ସୁନ୍ଦର ଭାବରେ।

- ଚନ୍ଦ୍ରଶେଖର ହୋତା

କବି ସଂଯୁକ୍ତା ନାୟକଙ୍କ କବିତା 'ସ୍ୱପ୍ନ ଦେଖନା ଲୋ ଗେହ୍ଲା ଝିଅ' ବାସ୍ତବଧର୍ମୀ ଏବଂ ମର୍ମସ୍ପର୍ଶୀ।

- ରେବତୀ ମୁଦୁଲି

BLACK EAGLE BOOKS

www.blackeaglebooks.org
info@blackeaglebooks.org

Black Eagle Books, an independent publisher, was founded as a nonprofit organization in April, 2019. It is our mission to connect and engage the Indian diaspora and the world at large with the best of works of world literature published on a collaborative platform, with special emphasis on foregrounding Contemporary Classics and New Writing.

www.ingramcontent.com/pod-product-compliance
Lightning Source LLC
Chambersburg PA
CBHW060616080526
44585CB00013B/856
* 9 7 8 1 6 4 5 6 0 6 3 1 4 *